I dedicate this monograph to the memory of my uncle Sadok Majri, to all my family and especially to my mother, whom I will carry with me wherever I go, to my daughter Beya, the love of my life, and to my wife, for her support since the beginning.

Je dédie cette monographie à la mémoire de mon oncle Sadok Majri, à l'ensemble de ma famille et plus particulièrement à ma mère que je porterai en moi là où j'irai, à ma fille Beya l'amour de ma vie, et à ma femme, mon compagnon de route depuis le début.

Thameur Mejri

Contents
Sommaire

Introduction

Lina Lazaar

Thameur Mejri's paintings remain close to a state of childhood. They sit comfortably in that moment when one looks at authority with an increasingly critical eye. Thameur spent his adolescence in a terrible hurry to read all the books, see all the movies, and listen to all the music, a pursuit that required much more effort then, as nothing was streaming and everything had to be hunted down, bought, or borrowed. He belongs to a generation that required one to invest in being different, to aspire to becoming something deeper, more elevated than common mortals. He had a hunger for knowledge and transformative experiences, borne along by the feeling that only when you have read everything, when you are really prepared, can life "begin." But of course, you are never really prepared, so his artistic practice looks like an episodic chronicle of a mind in a passionate struggle between itself and the world.

As a teen, Thameur found solace in heavy metal music and its radically rebellious nature. It carried him through adulthood and, although considered hypermasculine, allowed him to see a different gender construction: the possibility of an alternative masculinity that suspends the norms and proposes a counter-cultural narrative. For himself, he saw it representing an antagonistic attitude. Defiant in the extreme, it rejects authority in all forms and engages in the dissolution and transgression of all things conventional. It opens a space in which gender itself becomes a place of negotiation. Its very construction depends on the process of representation and the action taken to deconstruct it.

Thameur spent a significant amount of time looking at issues of gender and the phallocratic discourses that characterize traditional Tunisian society. This triggered a necessity to assess the body as a subject of power, and to liberate it from the religious dogmas that frame sexuality. Aesthetically, this process translated into his visual destruction, dismembering, and

Introduction

Lina Lazaar

Les peintures de Thameur Mejri restent proches d'un état d'enfance. Elles se situent confortablement dans ce moment où l'on regarde l'autorité avec un œil de plus en plus critique. Thameur a passé son adolescence dans une terrible hâte de lire tous les livres, de voir tous les films et d'écouter toute la musique, une quête qui demandait beaucoup plus d'efforts à l'époque, car rien ne coulait de source et tout devait être déniché, acheté ou emprunté. Il appartient à une génération qui exigeait qu'on s'investisse pour être différent, pour aspirer à devenir quelque chose de plus profond, de plus élevé que le commun des mortels. Il avait une soif de connaissances et d'expériences transformatrices, il était guidé par le sentiment que ce n'est que lorsque l'on a tout lu, lorsque l'on est vraiment préparé, que la vie peut « commencer ». Mais bien sûr, on n'est jamais vraiment préparé, aussi sa pratique artistique ressemble-t-elle à la chronique épisodique d'un esprit en lutte passionnée contre lui-même et le monde.

Adolescent, Thameur a trouvé du réconfort dans la musique heavy metal et sa tendance radicale à la rébellion. Cette musique l'a porté jusqu'à l'âge adulte et, bien qu'elle soit considérée comme hypermasculine, elle lui a permis de voir une construction différente du genre : la possibilité d'une masculinité alternative qui suspend les normes et propose un récit de la contre-culture. Il l'a vu assumer pour lui une pose antagoniste. Défiante au plus haut point, elle rejette l'autorité sous toutes ses formes et s'engage dans la dissolution et la transgression de toutes les choses conventionnelles. Elle ouvre un espace dans lequel le genre lui-même devient un lieu de négociation. Sa construction même dépend alors du processus de représentation et des actions entreprises pour le déconstruire.

Thameur a passé beaucoup de temps à examiner les questions de genre et les discours phallocratiques qui caractérisent la société tunisienne traditionnelle. Il en est ressorti une nécessité d'évaluer le corps en tant que sujet de pouvoir

dissection of symbols of masculinity. His painted subjects are often violently distorted, almost like lumps of raw meat. They are isolated souls imprisoned and tormented by existential dilemmas such as institutionalized sexual asymmetry, the hierarchy of power within marriage, patriarchal family leadership, and all things questioning family representation.

In society at large, life is still very much characterized by a gap between institutionalized rights and duties which are prescribed and licensed by public legislation and are at the same time proscribed by organized religious bodies. If this form of society organization sometimes leads through domination, more often it lives through consensual ideas of a male power structure that trickle down to the family unit. And one cannot look at traditional family dynamics without raising questions about patriarchy in its most fundamental definition as an example of asymmetrical male power relationships, and how it has had an immediate incidence on not just matrimonial patterns, but also on future descent and all aspects of kinship nomenclature.

Thameur's early flirtations with existentialism, along with a period spent experimenting with automatic drawing, paved the way for a more mature and non-ideological proposition. His fight is a personal one, both visual and literary, etching itself deeply into the fabric of his everyday routine — an intimate vantage point from which to deconstruct order by building micro-resistances — and, in the process, shedding old networks of meanings and existing codes of paintings.

When painting and drawing meet on canvas, it is a small act of contestation. The pencil does not imprison the brush in a mortifying determinism. The pencil provokes; it is here to engage, tackle, and break the surface, leaving mere secondary marks to the brush. Thameur first addresses the bare, unprimed canvas, then hastens to profane it with water stains, paint residues, and anything that will undermine its purity. The canvas is bruised to create a culminating point that has to be overcome or surpassed. "I have to accept that I can't completely control the outcome," says Thameur. "I don't make sketches and I work directly on the canvas" — a centuries-old trick that helps activate the artist's determination to re-construct the surface beyond its initial foundation. Thameur belongs to the breed of artists who paint over existing paintings they deem unsuccessful because the resurrection of a canvas may lead to the birth of a painting that could in turn beget the next.

et de le libérer des dogmes religieux qui encadrent la sexualité. Sur le plan esthétique, ce processus s'est traduit par la destruction visuelle, le démembrement et la dissection des symboles de la masculinité. Ses sujets peints sont souvent violemment déformés, presque comme des morceaux de viande crue. Ce sont des âmes isolées, emprisonnées et tourmentées par des dilemmes existentiels tels que l'asymétrie sexuelle institutionnalisée, la hiérarchie du pouvoir dans le mariage, la direction patriarcale de la famille et tout ce qui remet en question la représentation de la famille.

La vie de société en général est régie par un décalage entre les droits et devoirs institutionnalisés prescrits et autorisés par la législation publique et proscrits par les organismes religieux organisés. Si cette forme d'organisation de la société conduit parfois à la domination, elle vit plus souvent à travers les idées consensuelles d'une structure de pouvoir masculine qui se répercute sur la cellule familiale. Et on ne peut examiner la dynamique familiale traditionnelle sans soulever de questions sur le patriarcat dans sa définition la plus fondamentale de relation de pouvoir masculine asymétrique, et sur la façon dont il a eu une incidence immédiate non seulement sur les modèles matrimoniaux, mais aussi sur la décence future et tous les aspects de la nomenclature de la parenté.

Les premiers flirts de Thameur avec l'existentialisme, ainsi qu'une période d'expérimentation du dessin automatique, ont ouvert la voie à une proposition plus mature et non idéologique. Son combat est un combat personnel, à la fois visuel et littéraire, qui se grave profondément dans le tissu de sa routine quotidienne – un point de vue intime à partir duquel il déconstruit l'ordre en construisant des microrésistances – et, par ce processus, se débarrasse des anciens réseaux de significations et des codes existants de la peinture.

Lorsque la peinture et le dessin se rencontrent sur la toile, c'est un petit acte de contestation. Le crayon n'emprisonne pas le pinceau dans un déterminisme mortifère. Le crayon provoque, il est là pour engager, attaquer, briser la surface, ne laissant au pinceau que des traces secondaires. Thameur s'adresse d'abord à la toile nue, non apprêtée, puis s'empresse de la profaner avec des traces d'eau, des résidus de peinture et tout ce qui peut déstabiliser sa pureté. La toile est meurtrie pour construire un point culminant qui doit être surmonté. « Je dois accepter le fait que je ne peux pas contrôler complètement le résultat », dit Thameur. « Je ne fais pas d'esquisses et je travaille directement sur la toile » – une astuce vieille de plusieurs siècles qui contribue à activer la détermination

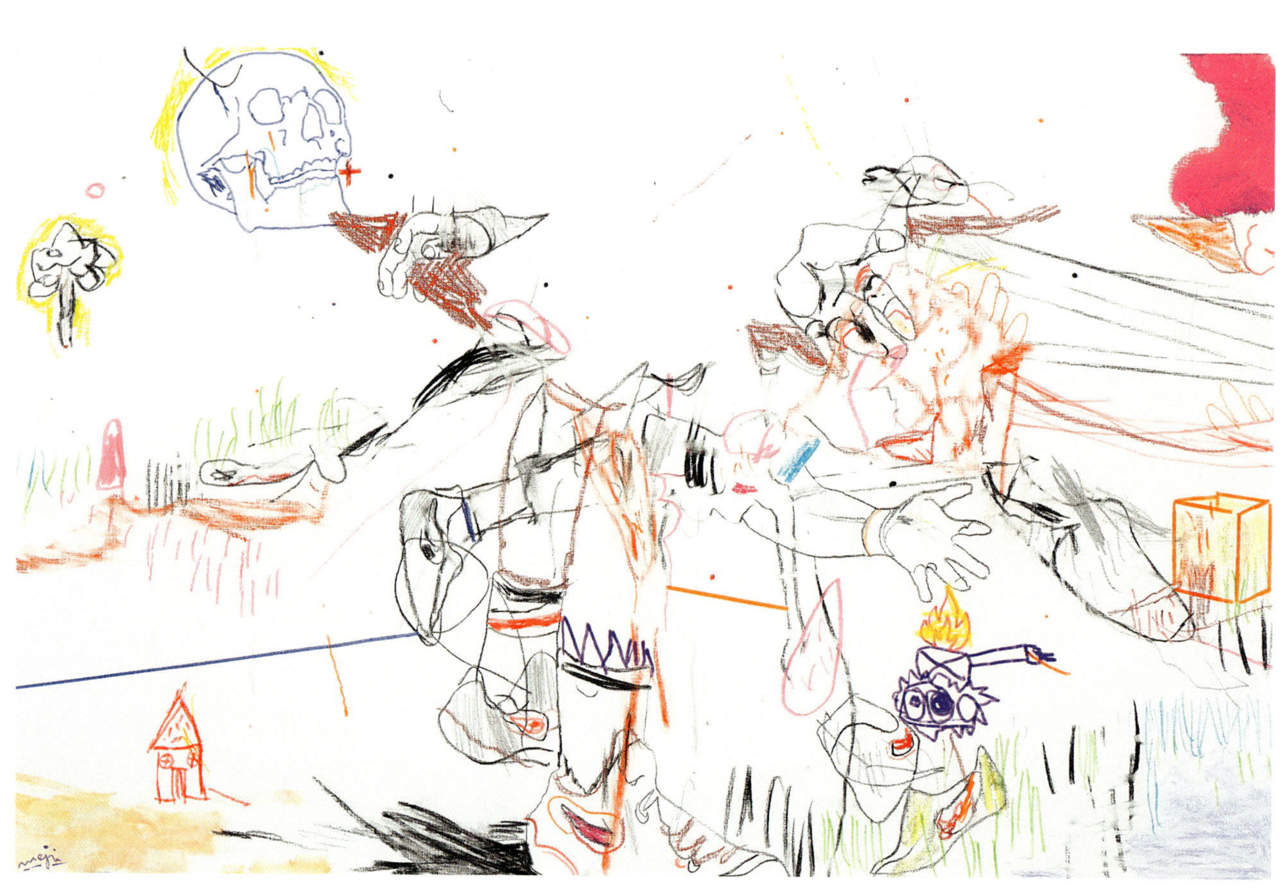

In a lonely place 4, 2021
Mixed media on grain paper / Technique mixte sur papier à grain
65 × 100 cm

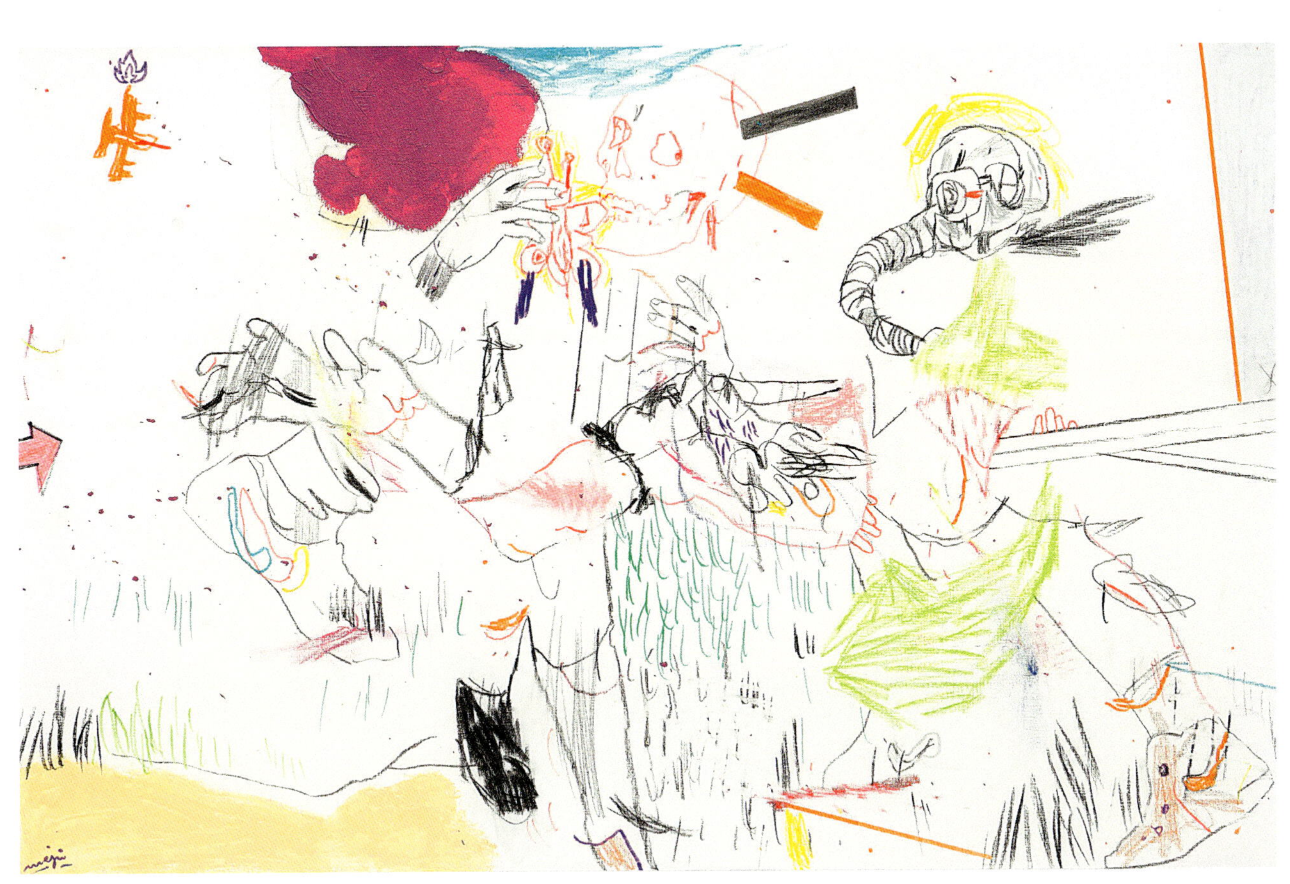

In a lonely place 5, 2021
Mixed media on grain paper / Technique mixte sur papier à grain
65 × 100 cm

Significantly borrowing from Kant and Sontag and rejecting the understanding of art in cerebral terms, Mejri defends the value of letting go rather than the methodology of the production of knowledge that has a limited effect on art's power of revelation. In *Against Interpretation*,[1] Sontag famously declared that "to interpret is to impoverish, to deplete the world — in order to set up a shadow world of 'meanings'." If in Foucauldian terms, visual art can make visible the indescribable points in which there is an emergence and decline of stable discourses, why should it still focus on the ideas that can be captured in academic terms? If it can be voiced and formally articulated, what is the benefit of making it seen?

Thameur's practice resists easy characterization. He simultaneously develops languages of figuration and abstraction, never forcing opposites together but uniting complementary elements of structured compositions, mixing strong linear elements and rich bursts of color. Some of his canvases feature abstracted, atomized forms, while others have more densely overlaid imagery in which one can pick out figurative elements. He insatiably reprocesses the object-body-architecture equation, skillfully combining linear draftsmanship with coloration, minimalism, and gesturalism. Over the course of his career, Mejri has mixed diverse references: the physical nature of his gesture recalls action painting, his shorthand figuration resembles cartoons, and various passages evoke painterly predecessors ranging from Picasso (late Cubism) to Francis Bacon and from Vladimir Veličković to Basquiat. This stylistic multiplicity grows out of his deep knowledge of art history. While his references are broad, he has, in recent years, developed a specific engagement with the work of both old and modern masters as a way of getting in touch with the broader lineage of art history. In keeping with the breadth of his influences, Thameur employs a variety of techniques, including the use of wash, scraping, and using paint straight from the tube. He has a meticulous and process-oriented approach to creation, and his paintings openly display the triumphs and struggles of his practice, creating a tension between beauty and destruction.

Conscious that the written word would only disrupt the experience of these paintings, like most artists, Thameur has no choice but to express his life visually. Everyone wants nothing more than to be understood, and artists need that understanding more than anything else, whilst paradoxically, with every single artwork created, running the risk of being massively

1. Suzan Sontag, *Against Interpretation and Other Essays* (London: Penguin Modern classics, 2013)

de l'artiste à reconstruire la surface au-delà de son fondement initial. Thameur appartient à la race des artistes qui peignent par-dessus des œuvres existantes qu'ils jugent ratées, car ressusciter une toile peut donner naissance au tableau suivant.

Empruntant de manière significative à Kant et Sontag et rejetant la compréhension de l'art en termes cérébraux, Mejri défend la valeur du lâcher-prise plutôt que la méthodologie de production de connaissances qui a un effet limité sur le pouvoir de révélation propre à l'art. Sontag déclarait dans *Against Interpretation* (*Contre l'interprétation*)[1] : « interpréter, c'est appauvrir, appauvrir le monde – afin de créer un monde fantôme de "significations" ». Si, en termes foucaldiens, l'art visuel peut rendre visibles les points indescriptibles dans lesquels il y a émergence et déclin de discours stables, pourquoi devrait-il encore se concentrer sur les idées qui peuvent être saisies en termes académiques ? Si elles peuvent être exprimées et formellement articulées, quel est l'avantage de les faire voir ?

La pratique de Thameur résiste à une caractérisation facile. Elle développe simultanément des langages de figuration et d'abstraction, ne forçant jamais les opposés à se rencontrer mais unissant des éléments complémentaires de compositions structurées, mêlant des éléments linéaires forts et de riches éclats de couleur. Certaines de ses toiles présentent des formes abstraites, atomisées, tandis que d'autres ont une imagerie plus dense dans laquelle on peut distinguer des éléments figuratifs. Thameur retravaille insatiablement l'équation objet-corps-architecture, combinant habilement le dessin linéaire avec la coloration, le minimalisme et le gesturalisme. Au cours de sa carrière, il a mélangé diverses références : sa matérialité rappelle l'*action painting* (peinture d'action), sa figuration sténographique s'apparente à la bande dessinée, et différents aspects de son œuvre évoquent des prédécesseurs peintres allant de Picasso (cubisme tardif) à Francis Bacon et de Vladimir Veličković à Basquiat. Cette multiplicité stylistique découle de sa connaissance approfondie de l'histoire de l'art. Bien que ses références soient vastes, il a, ces dernières années, développé un engagement spécifique avec le travail des maîtres anciens et modernes comme moyen d'entrer en contact avec la lignée plus large de l'histoire artistique. En accord avec l'étendue de ses influences, Thameur utilise une variété de techniques, notamment le lavis, le grattage et l'application de la peinture directement à partir de ses tubes. Il a une approche méticuleuse et orientée vers le processus de création, et ses tableaux affichent ouvertement les triomphes et les luttes de sa pratique, créant une tension entre beauté et destruction.

1. SONTAG Suzan, *Against Interpretation and Other Essays*, Londres, Penguin Modern classics, 2013

misunderstood. And so, the role of this artist is perhaps to explore intuitively and thrive at the junction and in the zones where what is seeable enters or leaves the realm of the expressible. Thameur is increasingly comfortable at that junction, where the power of the subconscious can still dictate the terms of his own image-making. "I must suspend the 'dispositif'," he has said, "I must disactivate the painting by trying to offer a third space that can still be free, subjective, and inherently personal to everyone. I deconstruct the object and leave it as is, then I spend most of my time fighting myself to resist the temptation to build a new work with the debris of the first."

Thameur also struggles with the incessant acceleration of life happening the world over and once-in-a-generation events rippling through society, leading to unpredictable second-order effects that upend fundamental beliefs about democracy, science, economy, citizenship, and technology. All has become historic, and although some will find comfort in processing this information overload as a unique "exceptional state," it looks less and less like a temporary glitch and more like a plateau occurring before what futurists describe as an even faster takeoff.

Technology and the conquest of the virtual world is another recurring theme in Thameur's paintings. "Future shock" — the idea that a shift to a post-industrial digital society would uncouple our sense of the world and our place within it — predicted by Alvin Toffler nearly five decades ago, is omnipresent in Thameur's work. "We must search out totally new ways to anchor ourselves, as all the old roots — religion, nation, community, family, or profession — are now shaking under the hurricane impact of the accelerative thrust,"[2] Toffler wrote. The monumental drape canvases produced site-specifically for the *States of Exception* exhibition, are a response to this angst. Suspended like a flashing moment, they are a retinal-emotional musing — or perhaps a fleeting dream — on the soul's journey to this virtual life, on loss and alienation. These monumental paintings derive a kind of functionality from the calibrated backdrops; the paintings measure the beholder's own progress, through the virtual and its absolute, to further imagined spaces, the edges of the paintings variously annotated, not by scriptural marks but by something akin to mechanical drawing.

With so much social interaction, education, culture, and politics having shifted from the real world to the virtual world, many of Thameur's generation have come to live in a new jungle,

2. Alvin Toffler, *Future Shock*, (New York: Bantam, 1984)

Conscient que le mot écrit ne ferait que perturber l'expérience de ses peintures, Thameur, comme la plupart des artistes, n'a d'autre choix que d'exprimer sa vie visuellement. Tout le monde ne demande rien de plus que d'être compris, et les artistes ont besoin de cette compréhension plus que toute autre chose, tout en courant paradoxalement, avec chaque œuvre d'art qui prend vie, le risque d'être massivement incompris. Ainsi, le rôle de l'artiste est peut-être de creuser intuitivement et de s'épanouir à l'intersection, dans les zones où ce qui est visible entre ou sort du domaine de l'exprimable. Thameur est de plus en plus à l'aise dans cette jonction où le pouvoir du subconscient peut encore dicter les termes de sa propre création d'images. « Je dois suspendre le dispositif », a-t-il déclaré, « je dois désactiver la peinture en essayant d'offrir un troisième espace qui peut encore être libre, subjectif et intrinsèquement personnel à chacun. Je déconstruis l'objet et le laisse tel quel, puis je passe le plus clair de mon temps à me battre pour résister à la tentation de construire une nouvelle œuvre avec les débris de la première. »

Thameur est également confronté à l'accélération incessante de la vie dans le monde entier et aux événements qui ne se produisent qu'une fois par génération et qui se répercutent sur la société, entraînant des effets de second ordre imprévisibles bouleversant nos croyances fondamentales en matière de démocratie, de science, d'économie, de citoyenneté et de technologie. Tout est devenu historique, et bien que certains trouvent un réconfort dans le fait de traiter cette surcharge d'informations comme un « état exceptionnel » unique, cela ressemble de moins en moins à un pépin temporaire et davantage à un plateau survenant avant ce que les futuristes décrivent comme un décollage encore plus rapide.

La technologie et la conquête du monde virtuel est un autre thème récurrent dans les peintures de Thameur. Le « choc du futur » – l'idée que le passage à une société numérique postindustrielle découplerait notre sens du monde et notre place en son sein – prédit par Alvin Toffler il y a près de cinq décennies est omniprésent dans l'œuvre de Thameur. « Nous devons chercher des moyens totalement nouveaux de nous ancrer, car toutes les anciennes racines – religion, nation, communauté, famille ou profession – vacillent désormais sous l'impact de l'ouragan de la poussée accélérée[2] », écrivait Toffler. Les toiles drapées monumentales produites spécifiquement pour l'exposition *States of Exception* sont une réponse à cette angoisse. Suspendues comme un instantané, elles sont une rêverie rétinienne-émotionnelle – ou peut-être un rêve fugace – sur le voyage de l'âme vers cette vie virtuelle, sur la perte et l'aliénation.

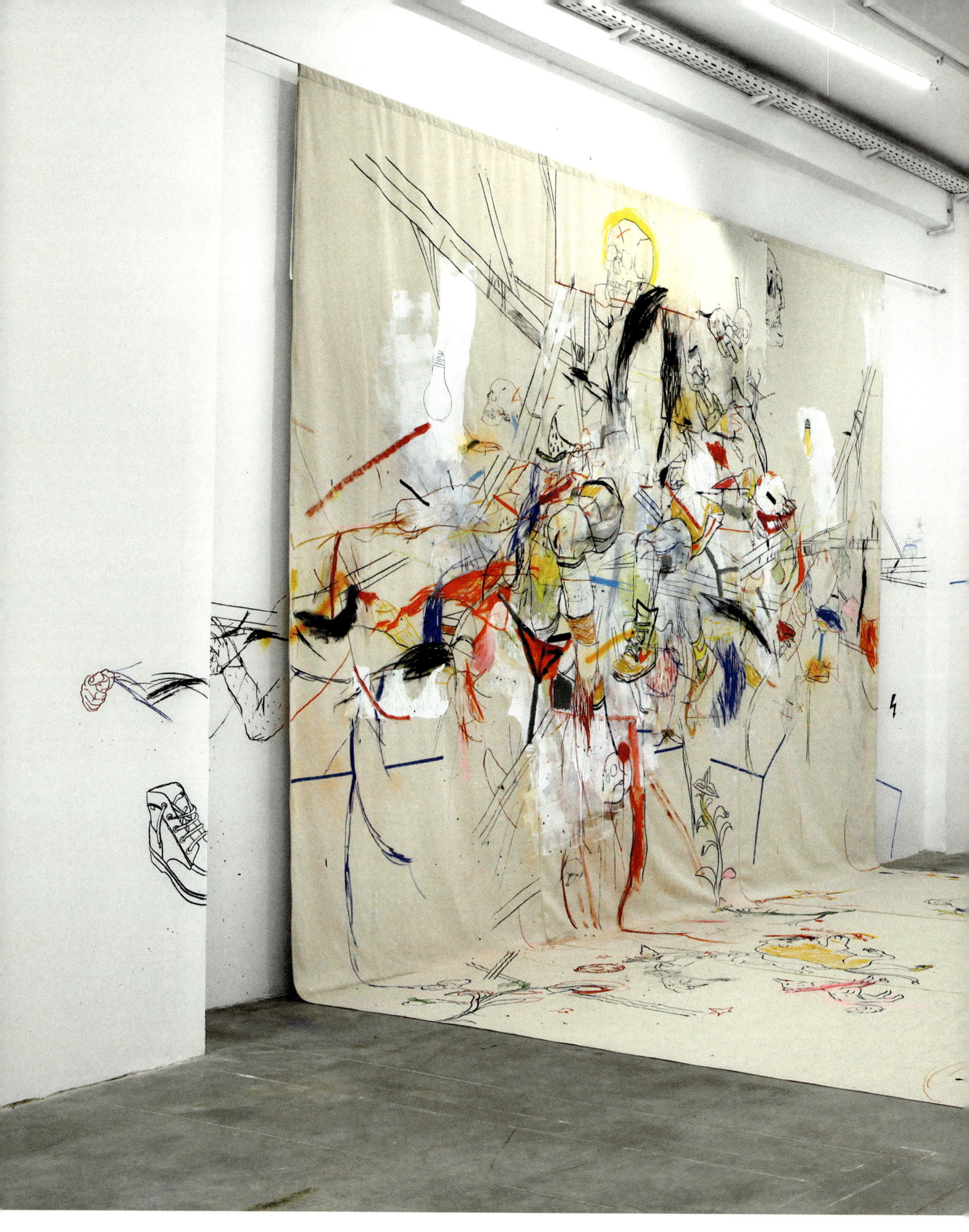

Exhibition view / Vue d'exposition,
States of Exception, 2021,
B7L9 Art Station, Bhar Lazreg - Tunis, Tunisia / Tunisie

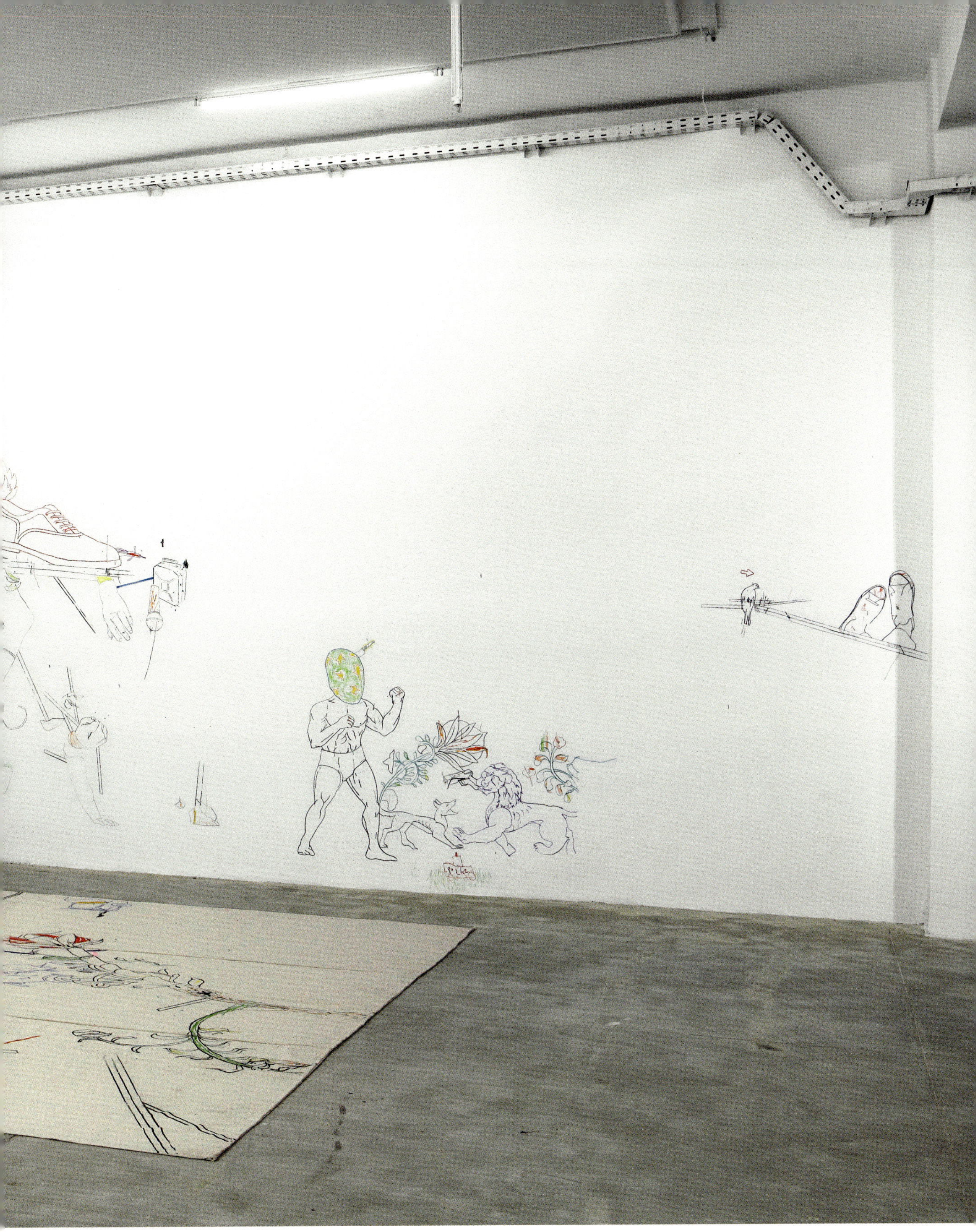

seeking kinship online in a world defined not by friendship but by anomie and alienation. Instead of participating in civic structures that give them a sense of community and practical experience in debating ideas and consensus-building, citizens join internet mobs in which they are dwarfed by the logic of the crowd, interreacting with "likes" or "shares" and quickly moving onto the next topic. Instead of entering a real-life public square, they drift anonymously into digital spaces where they rarely meet adversaries with different viewpoints, and when they do, it is only to belittle them. All of which is facilitated by algorithms that allow distortion and spread "alternative facts."

Authentically captured via his experiences of a life in exile — in his family, community, country, and his own body — Thameur cherishes distance that allows him to establish an aesthetic informed by a mutable identity that is not amplified by, in conversation with, or made valid by a white gaze. For Thameur, the contour of such an identity seems to be nothing but a dividing line, acting more like a physical barrier that may bring to life spaces in which to encounter evolving identities, where similarities and oppositions are to be found and counterpointed rather than erased. This is the great paradox that lies in the very attempt to name that identity. Thus, in scrambling symbols and iconographies ranging from Pre-Islamic, Persian, Roman, Islamic, secular, telegenic, and the metaverse, Thameur allows divides and links to coexist as part of a whole that is digestible by the sum of its parts. To think of a Tunisian identity without facing such a paradox might lead us to do what cultural imperialism and geographies of power have always done: invent the space of the "other" as a folkloric and distant memory, an existence that ultimately only transpires the interests of those who are in power. In *A Thousand Plateaus*[3], Gilles Deleuze and Félix Guattari suggest the rhizome as a philosophical metaphor for a mode of knowledge production, one that allows for multiple non-hierarchical vantage points to build up representation and interpretation as an alternative to a dualist and binary mode of thinking: "As a model for culture, the rhizome resists the organizational structure of the root-tree system which charts causality along chronological lines and looks for the original source of 'things' and looks towards the pinnacle or conclusion of those 'things.' A rhizome, on the other hand, is characterized by 'ceaselessly established connections between semiotic chains, organizations of power, and circumstances relative to the arts, sciences, and social struggles'."

3. Gilles Dezeuze and Félix Guattari, *Mille plateaux. Capitalisme et Schizophrénie 2.* (Paris: Ed. de Minuit, 1980).

Ces peintures monumentales tirent une sorte de fonctionnalité des toiles de fond calibrées ; elles mesurent la propre progression du spectateur dans le virtuel et son absolu à d'autres espaces imaginaires, les bords des peintures étant annotés de diverses manières, non pas par des marques scripturales mais par quelque chose qui ressemble à un dessin mécanique.

Alors que tant d'interactions sociales, d'éducation, de culture et de politique se sont déplacées du monde réel vers le monde virtuel, de nombreux membres de la génération de Thameur ont fini par vivre dans une jungle nouvelle, recherchant la parenté en ligne dans un monde défini non pas par l'amitié mais par l'anomie et l'aliénation. Au lieu de participer à des structures civiques qui leur donneraient un sentiment d'appartenance à la communauté et une expérience pratique du débat d'idées et de la recherche du consensus, les citoyens rejoignent des foules sur Internet où ils sont éclipsés par la logique de la foule, réagissant par des « j'aime » ou des « partages » et passant rapidement au sujet suivant. Au lieu d'entrer sur une place publique réelle, ils dérivent anonymement dans des espaces numériques où ils rencontrent rarement des adversaires ayant des points de vue différents et, quand ils le font, c'est uniquement pour les rabaisser. Tout cela est facilité par des algorithmes qui permettent la distorsion et la diffusion de « faits alternatifs ».

Authentiquement capturé par ses expériences d'une vie en exil – au sein de sa famille, de sa communauté, de son pays et de son propre corps –, Thameur chérit la distance qui lui permet d'établir une esthétique informée par une identité mutable qui n'est pas amplifiée ou rendue valide par un regard blanc. Pour Thameur, le contour d'une telle identité semble n'être rien d'autre qu'une ligne de démarcation, agissant plutôt comme une barrière physique qui peut donner vie à des espaces dans lesquels rencontrer des identités évolutives, où les similitudes et les oppositions doivent être trouvées et contrebalancées plutôt qu'effacées. C'est le grand paradoxe qui réside dans la tentative même de nommer cette identité. Ainsi, en brouillant les symboles et les iconographies préislamiques, perses, romaines, islamiques, séculaires, télégéniques et du métavers, Thameur fait coexister les clivages et les liens au sein d'un tout rendu digeste par la somme de ses parties. Penser une identité tunisienne sans faire face à un tel paradoxe pourrait nous conduire à ce que l'impérialisme culturel et les géographies du pouvoir ont toujours fait : inventer l'espace de « l'autre » comme un souvenir folklorique et lointain, une existence qui ne transpire finalement que les intérêts de ceux qui sont au pouvoir. Dans *Mille plateaux*[3], Gilles Deleuze et Félix Guattari suggèrent le

3. DELEUZE Gilles et GUATTARI Félix. *Mille plateaux. Capitalisme et Schizophrénie 2*, Paris, Éd. de Minuit. Coll. « Critique », 1980.

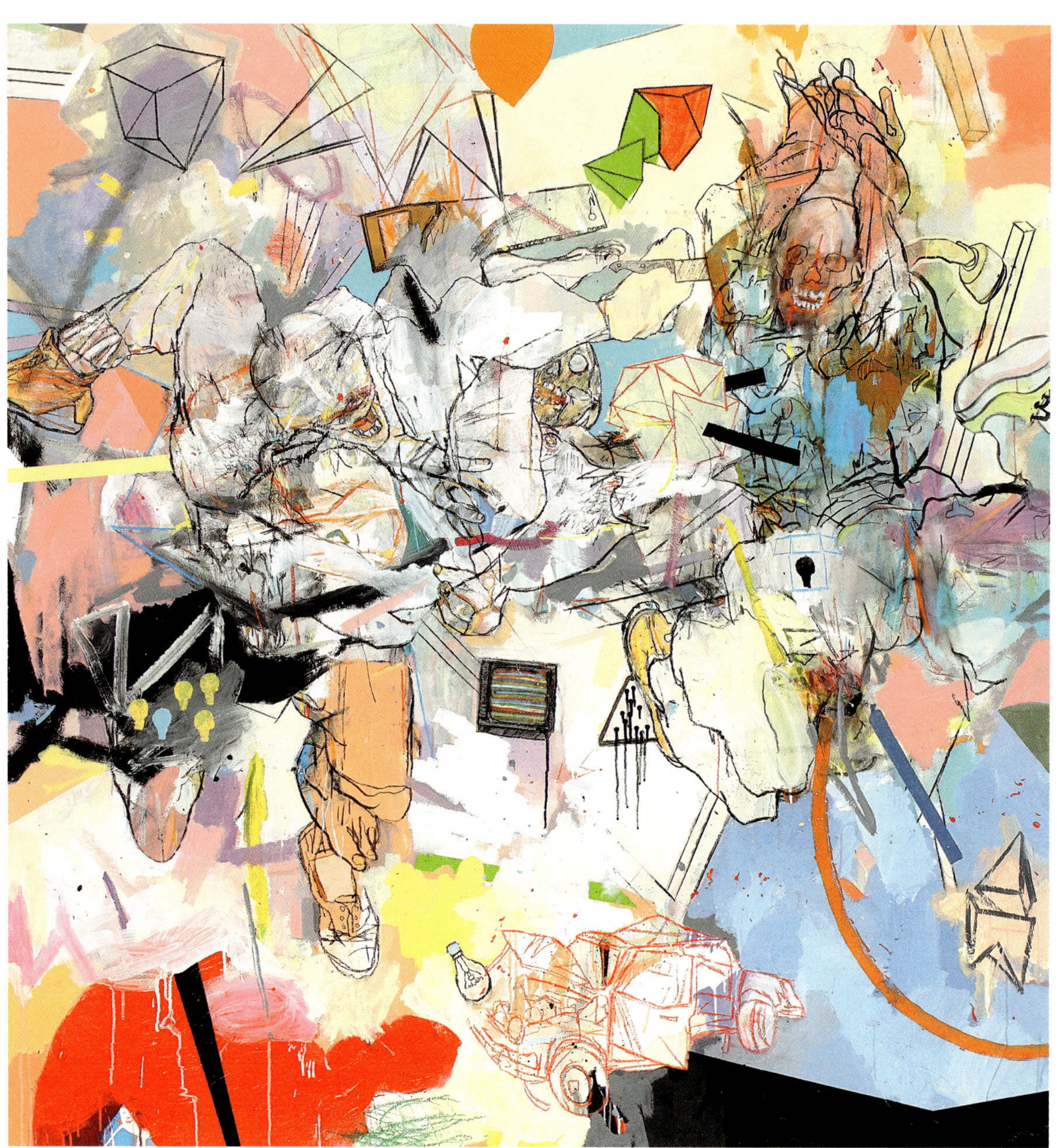

This is the future you have created, 2017
Mixed media on canvas / Technique mixte sur toile
200 × 180 cm

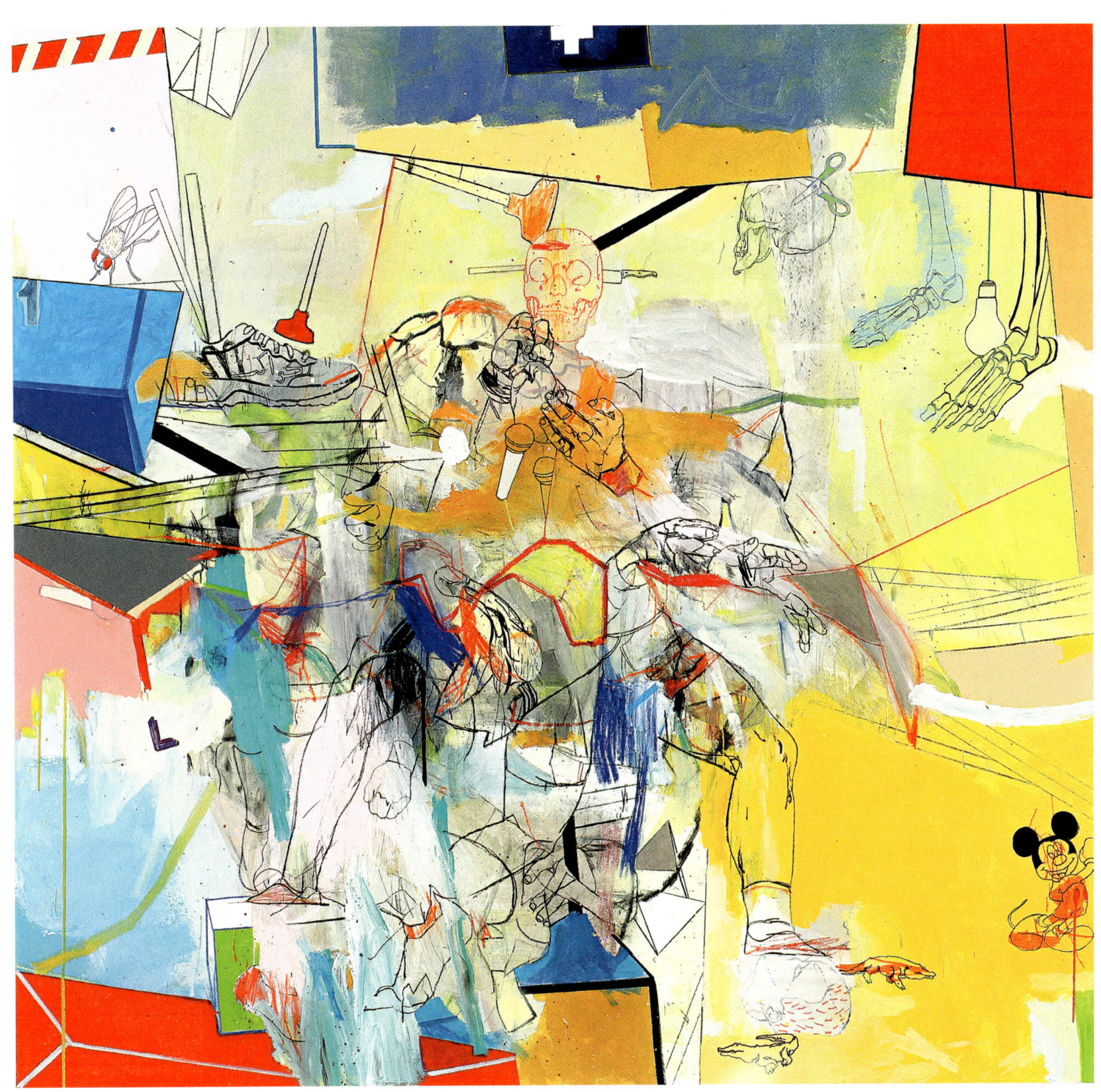

Experimental urges 2, 2021
Mixed media on canvas / Technique mixte sur toile
200 × 200 cm

In Tunisia, the idea that the arts should be reserved for an elite class — without requiring too much effort from them to enjoy it — still prevails. Thameur's work doesn't indulge this idea, far from it. It attempts to build micro-means of resistance by creating a sign system — a tripod of body, object, and architecture — to be read in the semiotics grid as his attempt at abolishing those fundamental hierarchies. Like a map of historical elements and social influences with no specific order or genesis, a spiral that has no beginning or end, his work resists chronology and favors an organic system of growth and propagation. Thus, his canvases constitute an aggregate of "signs" rather than a "work" with an authorial genius's higher purpose. Such is his chosen tool for dismantling the imaginary dividing line between so-called "high culture" and popular culture. "In this model," say Deleuze and Guattari, "culture spreads like the surface of a body of water, spreading towards available spaces or trickling downwards towards new spaces through fissures and gaps, eroding what is in its way. The surface can be interrupted and moved, but these disturbances leave no trace, as the water is charged with pressure and potential to always seek its equilibrium, and thereby establish smooth space."

Above all, Thameur Mejri is a painter of ideas who engages in producing a grid of meaning in extensive and regular writings, a body of work which we can only assume will form his hedge against "death-by-misunderstanding." These writings encompass dense sociological references and philosophical reflection on art which may be shared...when his writing and his painting can coexist. This monograph is not the beginning of an answer, nor an attempt to formulate one, but merely another way of getting his paintings into the world.

rhizome comme métaphore philosophique d'un mode de production de la connaissance qui permet à de multiples points de vue non hiérarchisés de construire une représentation et une interprétation alternative à un mode de pensée dualiste et binaire : « En tant que modèle de culture, le rhizome résiste à la structure organisationnelle du système de l'arbre-racine qui établit la causalité le long de lignes chronologiques, cherche la source originelle des "choses" et se tourne vers le sommet ou la conclusion de ces "choses". » Un rhizome, en revanche, se caractérise par « des connexions sans cesse établies entre des chaînons sémiotiques, des organisations de pouvoir, des occurrences renvoyant aux arts, aux sciences, aux luttes sociales ».

En Tunisie, l'idée que les arts soient réservés à une élite – sans lui demander trop d'efforts pour en profiter – prévaut toujours. L'œuvre de Thameur ne cède pas à cette idée, loin de là. Elle tente de construire des micromoyens de résistance en créant un système de signes – un trépied de corps, d'objets et d'architecture – à lire dans la grille sémiotique comme une tentative d'abolition de ces hiérarchies fondamentales. Comme une carte d'éléments historiques et d'influences sociales sans ordre ni genèse spécifique, une spirale sans début ni fin, son œuvre résiste à la chronologie et privilégie un système organique de croissance et de propagation. Ainsi, ses toiles constituent un agrégat de « signes » plutôt qu'une « œuvre » avec une finalité supérieure du génie de l'auteur. Tel est l'outil qu'il a choisi pour démanteler la ligne de démarcation imaginaire entre la soidisant « haute culture » et la culture populaire. « Dans ce modèle », Deleuze et Guattari expliquent : « la culture se répand comme la surface d'un plan d'eau, s'étendant vers les espaces disponibles ou ruisselant vers de nouveaux espaces par des fissures et des brèches, érodant ce qui se trouve sur son chemin. La surface peut être interrompue et déplacée, mais ces perturbations ne laissent aucune trace, car l'eau est chargée de pression et de potentiel pour toujours rechercher son équilibre, et ainsi établir un espace lisse. »

Avant tout, Thameur Mejri est un peintre d'idées, il s'engage à produire une grille de sens dans des écrits étendus et réguliers, un ensemble de travaux dont on peut supposer qu'ils constituent sa protection contre la « mort par incompréhension ». Ces écrits comportent des références sociologiques denses et une réflexion philosophique sur l'art qui peut être partagée... lorsque son écriture et sa peinture peuvent coexister. Cette monographie n'est pas le début d'une réponse, ni une tentative d'en formuler une, mais simplement une autre façon de faire parvenir ses peintures au monde.

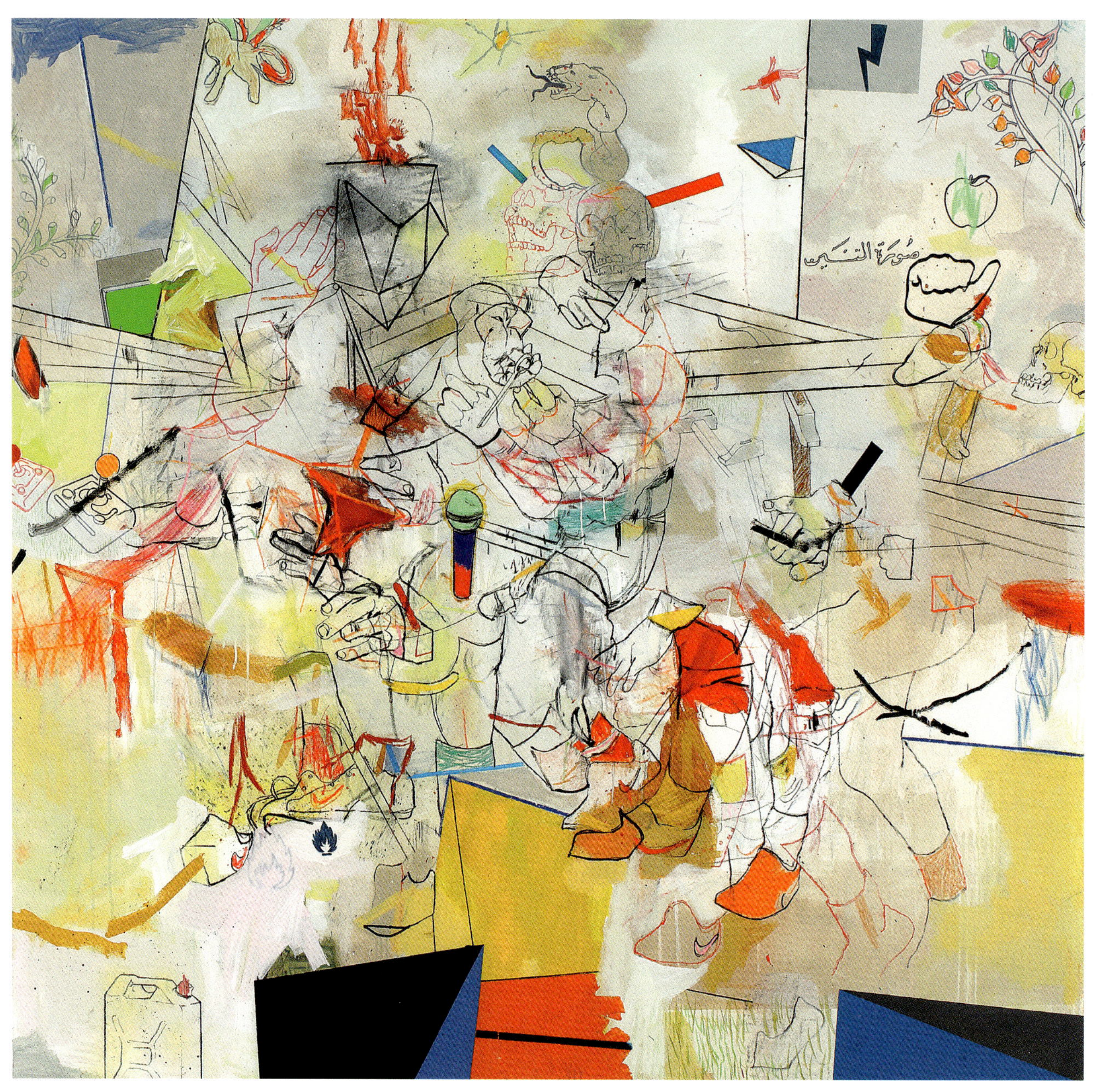

Experimental urges n° 3, 2021
Acrylic, charcoal, pastel and pencil on canvas / Acrylique, fusain, pastel et crayon sur toile
200 × 200 cm
Collection Fondation Kamel Lazaar, Geneva / Tunis – Genève / Tunis

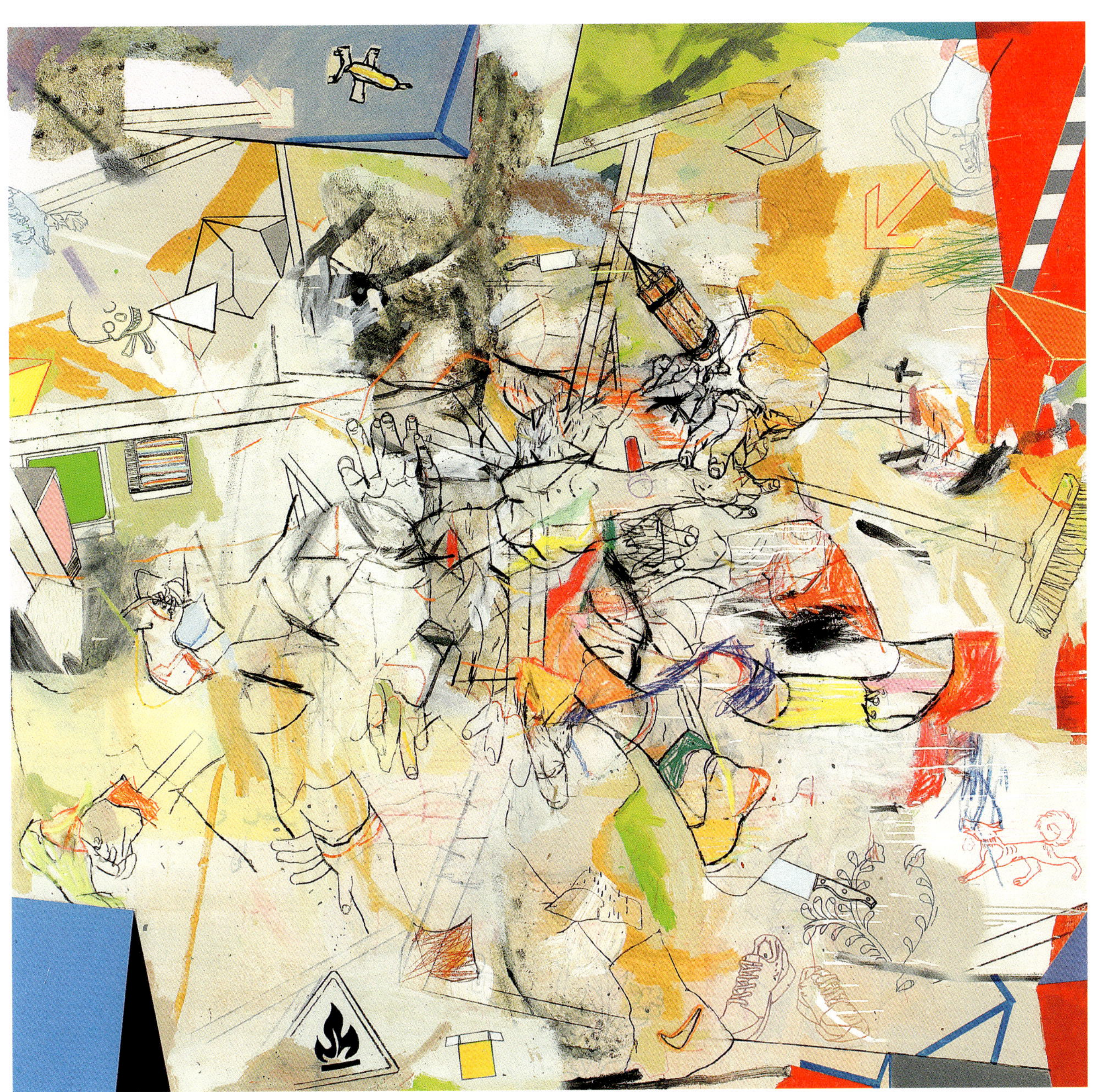

Experimental urges, 2021
Acrylic, charcoal, pastel and pencil on canvas / Acrylique, fusain, pastel et crayon sur toile
200 × 200 cm
Collection Fondation Kamel Lazaar, Geneva / Tunis – Genève / Tunis

From apparatuses to counter-apparatuses in the work of Thameur Mejri

Matthieu Lelièvre

"The state of exception… has become the rule."[1]

The works of Thameur Mejri suggest forms that we imagine at first free and in suspension in a chaotic world, uncertain and devoid of gravity. The variously identifiable objects collide, overlap, group together or repel each other, distributed in a disorderly and random manner. At first glance, it is not possible to identify a specific narrative or theme, or discern the hand of chance or a learned or aesthetic calculation, as one would try to read a traditional work, for example by Henri Matisse, from whom a plant drawn here with a black line seems to have been borrowed, or by Albrecht Dürer in the geometry of a complex volume. All these elements escape a linear reading and the symbols that do not naturally complement each other seem to be carried away, animated by this energy that might be perceived as hostile — it will be rare that those who cross this visual field in all tranquility do not perceive this discrepancy between the power of the symbols contradicted by the apparent harmony of colors. This continuous friction provokes a tension that leads us to wonder if this energy does not come from a form of explosion caused by the saturation of a world, or of some system. From the clues and themes to which most of the elements represented belong, we might imagine that they are the explosion of a sports shop or tool store, a drugstore, a soccer club, a gun shop or a television station. These works are resolutely inscribed in a contemporary, immediate, daily and urban world in tension.

Certain iconographic curiosities, such as a cartoon character, two flies mating in a corner, a sink plunger floating in the air, fragments of human skeletons or children's drawings constitute a ragbag inventory that nevertheless threatens to tip viewers into a strange universe, combining the threat of a danger with the promise of an adventure. The eye scans the canvas in search of meaning and from one canvas to the next, its mood becomes more festive or darker. We are unconsciously carried by the frontal, colored areas that impose themselves at the same time

1. Walter Benjamin, *On The Concept of History* (1942), cited in Giorgio Agamben, *State of Exception* , p. 6.

De dispositifs en contre-dispositifs dans l'œuvre de Thameur Mejri

Matthieu Lelièvre

« The state of exception… has become the rule[1]. »

---

1. BENJAMIN, Walter, *On the concept of history*, 1942.

Les œuvres de Thameur Mejri convoquent des formes que l'on imagine, dans un premier temps, libres et en suspension dans un monde chaotique, incertain et dépourvu de gravité. Les objets plus ou moins identifiables s'entrechoquent, se superposent, se regroupent ou se repoussent, distribués de façon désordonnée et aléatoire. On ne peut à première vue identifier une narration spécifique ou un thème, y voir la main du hasard ou d'un calcul savant ou esthétique, comme on chercherait à lire une œuvre traditionnelle d'un Henri Matisse par exemple, auquel semble ici empruntée une plante dessinée au trait noir, ou d'un Albrecht Dürer dans la géométrie d'un volume complexe. Tous ces éléments échappent à une lecture linéaire et les symboles qui ne se complètent pas naturellement semblent emportés, animés, par cette énergie que l'on peut éventuellement percevoir comme hostile – rares seront ceux qui traverseront ce champ visuel en toute quiétude et ne percevront pas ce décalage entre la puissance des symboles contredits par l'harmonie apparente des couleurs. Cette friction continue provoque une tension qui conduit à se demander si cette énergie ne proviendrait pas d'une forme d'éclatement provoquée par la saturation d'un monde ou d'un système quelconque. De par les indices et thèmes auxquels appartiennent la plupart des éléments représentés, nous pourrions imaginer qu'il s'agit de l'explosion d'un magasin de sport ou d'outillage, d'une droguerie, d'un club de foot, d'une armurerie ou encore d'une chaîne de télévision. Ces œuvres s'inscrivent résolument dans un monde contemporain, immédiat, quotidien et urbain en tension.

Certaines curiosités iconographiques, comme un personnage de dessin animé, deux mouches qui s'accouplent dans un coin, un débouche-évier flottant dans les airs, des fragments de squelette humain ou encore des dessins d'enfants, constituent un inventaire à la Prévert qui menace toutefois de faire basculer les spectateurs dans un univers étrange, alliant la menace d'un danger à la promesse d'une aventure.

on our perception. It is very much the work of a painter who is a master of color and comfortable with the construction of composite, complex and yet articulated spaces. The gestalt theory, this principle of the global impact of the forms perceived by the individual and its psychic effects, is in full swing here. Caught between analysis and emotion, the particular meaning escapes us and a global impression emerges. An affirmation and an urgency fatally disturb the eye, which never leaves the frame because each element, line, object and color variation conditions its movement on the canvas. The viewer is then caught in a system, built by Thameur Mejri: a subtle and stratified space, as the nine circles of hell can be in Dante Alighieri's *Divine Comedy*, where the chaos is organized to bring out the cracks and fractures of the contemporary world.

THE STATE OF EXCEPTION

In order to enter Thameur Mejri's universe progressively, at least we have a few clues for interpretation that allow us to apprehend his universe. The titles in particular, and especially those of his exhibitions, are often explicit, well thought out, and offer, if not elements of answers, at least contexts and some references. At this stage of research and development of the works of Thameur Mejri, *States of Exception* takes in this respect the appearance of a manifesto.

The title of the exhibition *States of Exception* is inspired by the title of a famous essay by Giorgio Agamben.[2] In this study of the specific case of the regime of the state of exception, the philosopher asks "what does it mean to act politically?".[3] The analysis represents a broader reflection on the nature and exercise of power in the democratic space and is interested, in particular through this concept created and discussed by several authors on the eve and in the turmoil of fascism in Europe in the twentieth century, in the legitimacy of forms of government. The state of exception is defined as an extraordinary and provisional time and place in which the democratic process and the rights of individuals are suspended: "a *no-man's-land* between public law and political fact, and between the juridical order and life".[4] If this space does not clearly exist within and outside of law and right, democracy paradoxically withdraws for its own salvation, which represents a danger that has been illustrated a great many times in certain authoritarian and dictatorial drifts of power. Giorgio Agamben bases his demonstration on a few European examples, notably in Italy, Great Britain,

2. Giorgio Agamben, tr. Kevin Attell, *State of Exception* (Chicago: Univ. of Chicago, 2005 [2003]).

3. *Ibid.*, §1.1.

4. *Ibid.*, §1.1.

L'œil parcourt la toile à la recherche de sens et, d'une œuvre à l'autre, son humeur devient plus festive ou plus sombre. Nous sommes inconsciemment portés par les plages colorées frontales qui s'imposent dans le même temps à notre perception. Il s'agit bien du travail de peintre d'un maître de la couleur à l'aise dans la construction d'espaces composites, complexes et pourtant articulés. La théorie de Gestalt, ce principe de l'impact global des formes perçues par l'individu et ses effets psychiques, bat ici son plein. Pris entre l'analyse et l'émotion, le sens particulier nous échappe et une impression globale émerge. Une affirmation et une urgence perturbent fatalement l'œil, qui ne sort jamais du cadre car chaque élément, ligne, objet et variation de couleur conditionnent son déplacement sur la toile. Le spectateur est alors pris dans un système construit par Thameur Mejri : un espace subtil et stratifié comme peuvent l'être les neufs cercles de l'enfer de la *Divine Comédie* de Dante Alighieri, où le chaos s'organise pour faire émerger du monde contemporain ses failles et fractures.

L'ÉTAT D'EXCEPTION

Pour entrer progressivement dans l'univers de Thameur Mejri, nous disposons au moins de quelques clés de lectures qui sont autant d'indices pour appréhender son univers. Les titres notamment, et en particulier ceux de ses expositions, sont souvent explicites, mûrement réfléchis, et offrent, sinon des éléments de réponse, au moins des grilles de lectures et quelques références. À cette étape des recherches et du développement de l'œuvre de Thameur Mejri, *States of Exception* prend à cet égard des allures de manifeste.

Ce titre de l'exposition *States of Exception*, que l'on peut traduire par « états d'exception » ou encore « états de siège », est inspiré du titre d'un célèbre essai de Giorgio Agamben[2]. Dans cette recherche, le philosophe pose la question, à travers une étude du cas spécifique du régime de l'état d'exception, de ce « que signifie agir politiquement[3] ». L'analyse représente une réflexion plus large sur la nature et l'exercice du pouvoir dans l'espace démocratique et s'intéresse, en particulier à travers cette notion créée et discutée par plusieurs auteurs à la veille et dans la tourmente du fascisme en Europe au XXe siècle, à la légitimité des formes de gouvernement. L'état d'exception est défini comme un temps et un lieu extraordinaires et provisoires dans lesquels le processus démocratique et le droit des individus sont suspendus : « un *no man's land* entre le droit public et le fait politique, entre l'ordre juridique et la vie[4] ». Si cet espace n'existe pas clairement au sein et

2. AGAMBEN, Giorgio, *État d'exception. Homo sacer*, Paris, Seuil, 2003.

3. *Ibid.*, §1.1.

4. *Ibid.*, §1.1.

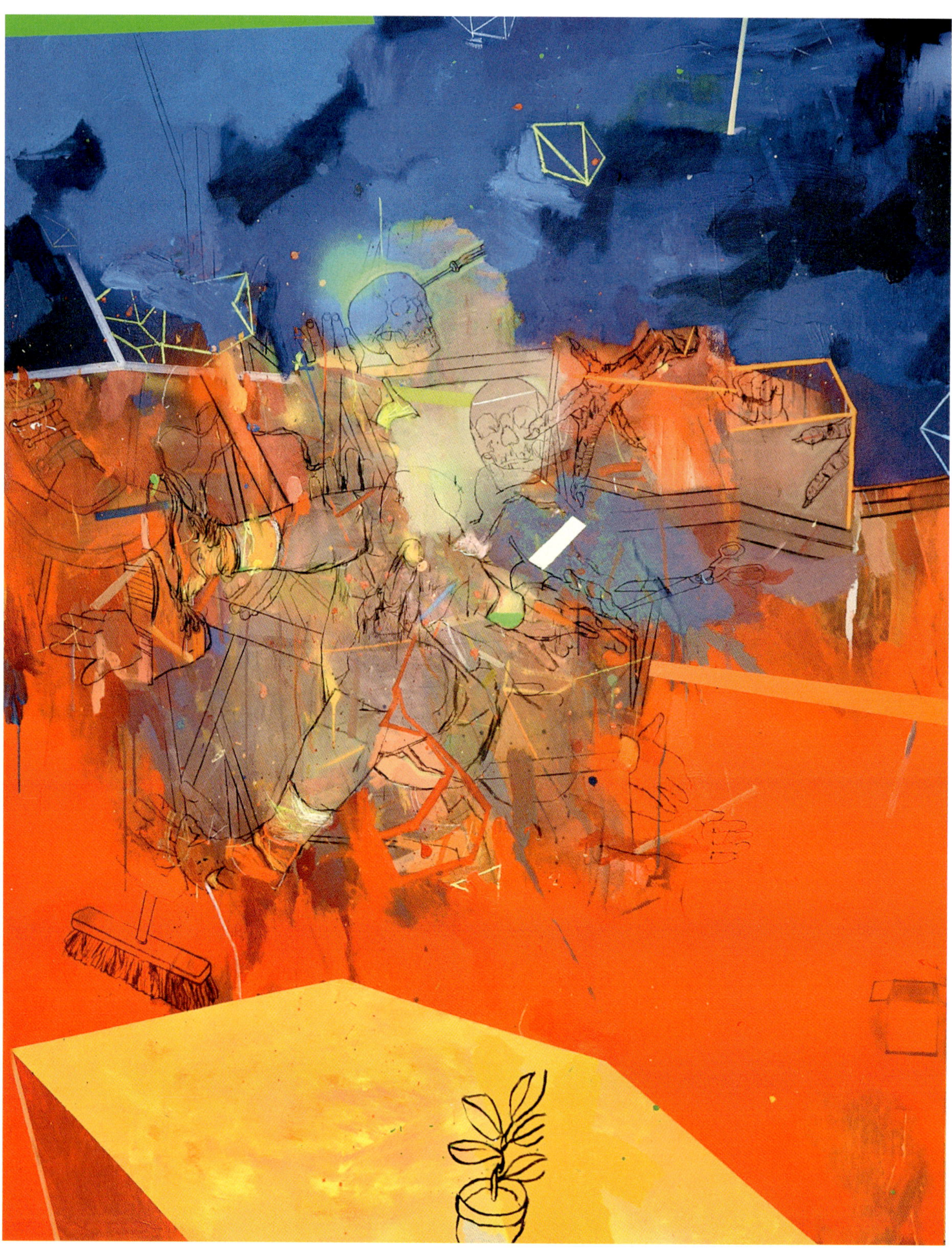

The eye of the beholder, 2020
Acrylic, charcoal and oil stick on canvas / Acrylique, fusain et pastel sur toile
200 × 150 cm

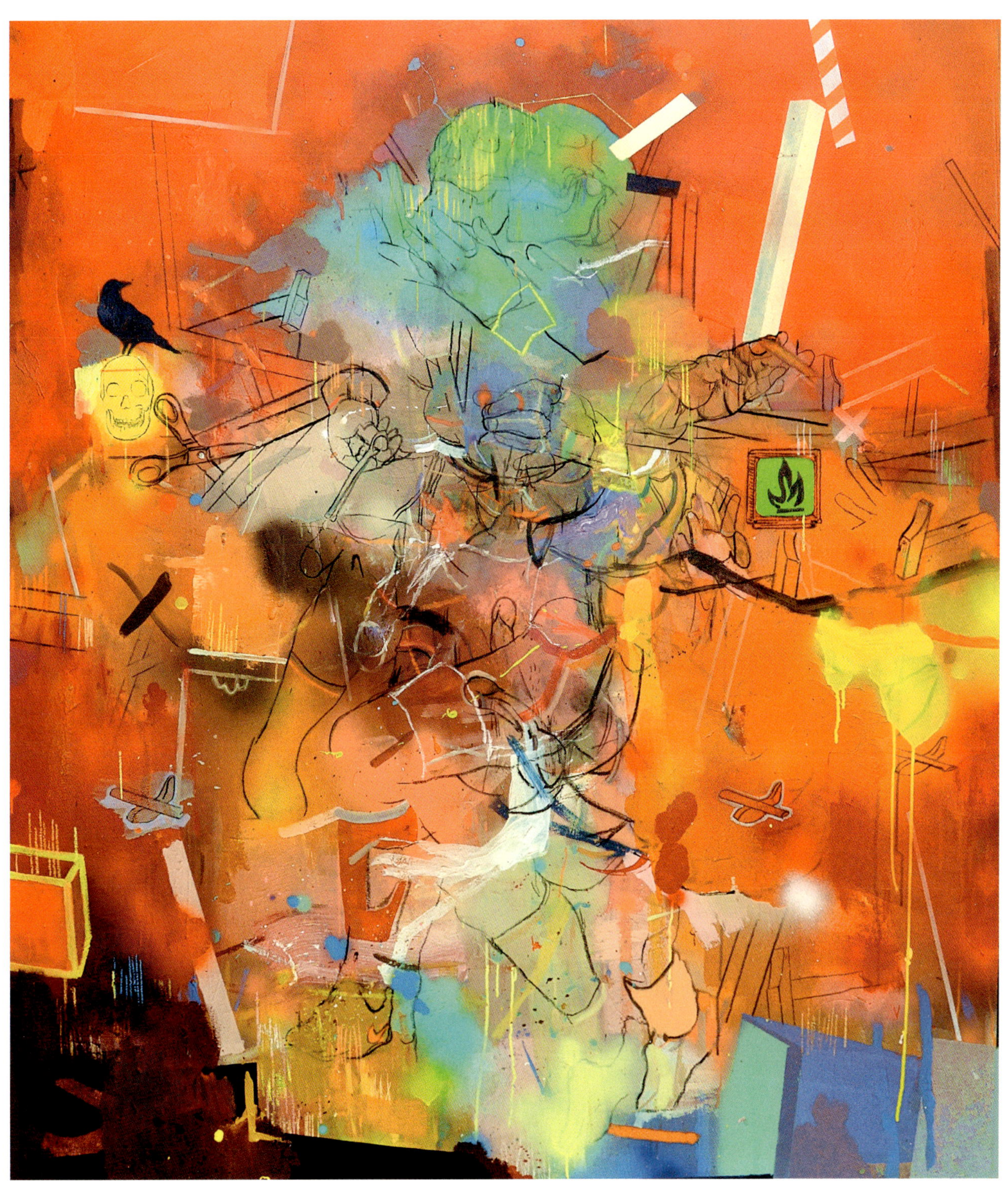

How do I self-destruct, 2020
Acrylic, charcoal and oil stick on canvas / Acrylique, fusain et pastel sur toile
180 × 150 cm

5. Walter Benjamin, "On the Concept of History", in *Selected Writings*, vol. 4, 1938–40 (Cambridge, MA: Belknapp Press, 2003), p. 392.

France and Germany, under the regimes of the Second Empire of Napoleon III or the Weimar Republic, whose very structure somehow favored Adolph Hitler's arrival in power, and others. Agamben builds his reflection on the exchanges between two individuals facing all the nationalist, fascist and dictatorial rises, taking on the one hand the writings of the jurist Carl Schmitt, to whom we owe the very expression "State of Exception", and on the other hand those of Walter Benjamin, for whom "the tradition of the oppressed teaches us that the 'state of exception' in which we live is not the exception but the rule",[5] and whose work has consisted, in part, in discussing the legitimacy of these powers. But can we, as Agamben asserts, believe that Benjamin's reflection is still relevant and that we can still speak of a state of exception today, and if so, why?

Behind the question of the state of exception, it is not so much the philosopher's analysis of these political systems that are of interest, but the very establishment of a regime of exception based on the obscure and uncertain areas of life in a democracy, which frees up spaces of uncertainty that can, as in the case of the Third Reich, perpetuate themselves and favor aberrations of power. Agamben speaks of this empty space as the "center of the machine [that] is empty", "in which human action with no relation to law stands before a norm with no relation to life". He adds that "through fascism and National Socialism and up to our own time, the state of exception has today reached its maximum worldwide deployment. The normative aspect of law can thus be obliterated and contradicted with impunity by a governmental violence that — while ignoring international law externally and producing a permanent state of exception internally — nevertheless still claims to be applying the law."

What are these empty spaces today? How to identify them? How to master them? Agamben does not, however, address the contexts of law in the context of colonial domination and the establishment of political systems and law in countries that had to rebuild everything after independence. In the current context, in Tunisia but also in most political regimes, nationalist issues, threats from extreme right-wing groups, and radical principles represent medium- and short-term dangers for democratic systems (government by the majority), which are still perceived today as an ideal but which question its obviousness. The principles of this government by the majority can sometimes slip subtly *de jure* if not *de facto* towards other forms of regimes that are autocracy, plutocracy, theocracy, technocracy,

en dehors de la loi et du droit, la démocratie se met paradoxalement en retrait pour son propre salut, ce qui représente un danger qui a pu tant de fois s'illustrer dans certaines dérives autoritaires et dictatoriales du pouvoir. Giorgio Agamben appuie sa démonstration sur quelques exemples européens, notamment en Italie, en Grande-Bretagne, en France et en Allemagne, sous les régimes du Second Empire de Napoléon III ou de la République de Weimar dont la structure même a, en quelque sorte, favorisé l'arrivée au pouvoir d'Adolf Hitler, et d'autres encore. Agamben construit sa réflexion sur des échanges entre deux individus faisant face à toutes les montées nationalistes, fascistes et dictatoriales, en prenant d'un côté des écrits du juriste Carl Schmitt à qui l'on doit l'expression même d'« état d'exception », et de Walter Benjamin pour qui « la tradition des opprimés nous enseigne que l'"état d'exception" dans lequel nous vivons est la règle[5] » et dont une partie de l'œuvre a consisté à discuter la légitimité de ces pouvoirs. Mais peut-on, comme l'affirme Agamben, croire que la réflexion de Benjamin est encore d'actualité et que l'on peut encore parler d'état d'exception aujourd'hui et si oui, pourquoi?

Derrière la question de l'état d'exception, ce n'est pas tant l'analyse du philosophe de ces systèmes politiques qui nous intéresse mais celle de la mise en place même d'un régime d'exception basé sur les zones obscures et incertaines de la vie en démocratie, ces zones qui libèrent des espaces d'incertitude pouvant, comme dans le cas du Troisième Reich, se perpétuer et favoriser des aberrations du pouvoir. Cet espace vide, Agamben en parle comme d'un « centre vide de la machine », « où une action humaine sans rapport avec le droit fait face à une norme sans rapport avec la vie ». Il ajoute qu'au-delà du fascisme et du national-socialisme et jusqu'à nos jours, « l'état d'exception a même atteint aujourd'hui son plus large déploiement planétaire. L'aspect normatif du droit peut être ainsi impunément oblitéré et contredit par une violence gouvernementale qui, en ignorant à l'extérieur le droit international et en produisant à l'intérieur un état d'exception permanent, prétend cependant appliquer encore le droit ».

Quels sont ces espaces vides aujourd'hui? Comment les identifier? Les maîtriser? Agamben n'aborde cependant pas les contextes du droit dans le cadre des dominations coloniales et les mises en place de systèmes politiques et du droit des pays devant tout reconstruire au lendemain des indépendances. Dans le contexte actuel, en Tunisie mais aussi dans la plupart des régimes politiques, les questions nationalistes, menaces d'extrêmes-droites ou de principes radicaux représentent des dangers à moyen

5. BENJAMIN, Walter, *Œuvres III*, Paris, Gallimard, coll. « Folio essais », 2000.

This is the future you have created, 2017
Mixed media on canvas / Technique mixte sur toile
200 × 180 cm

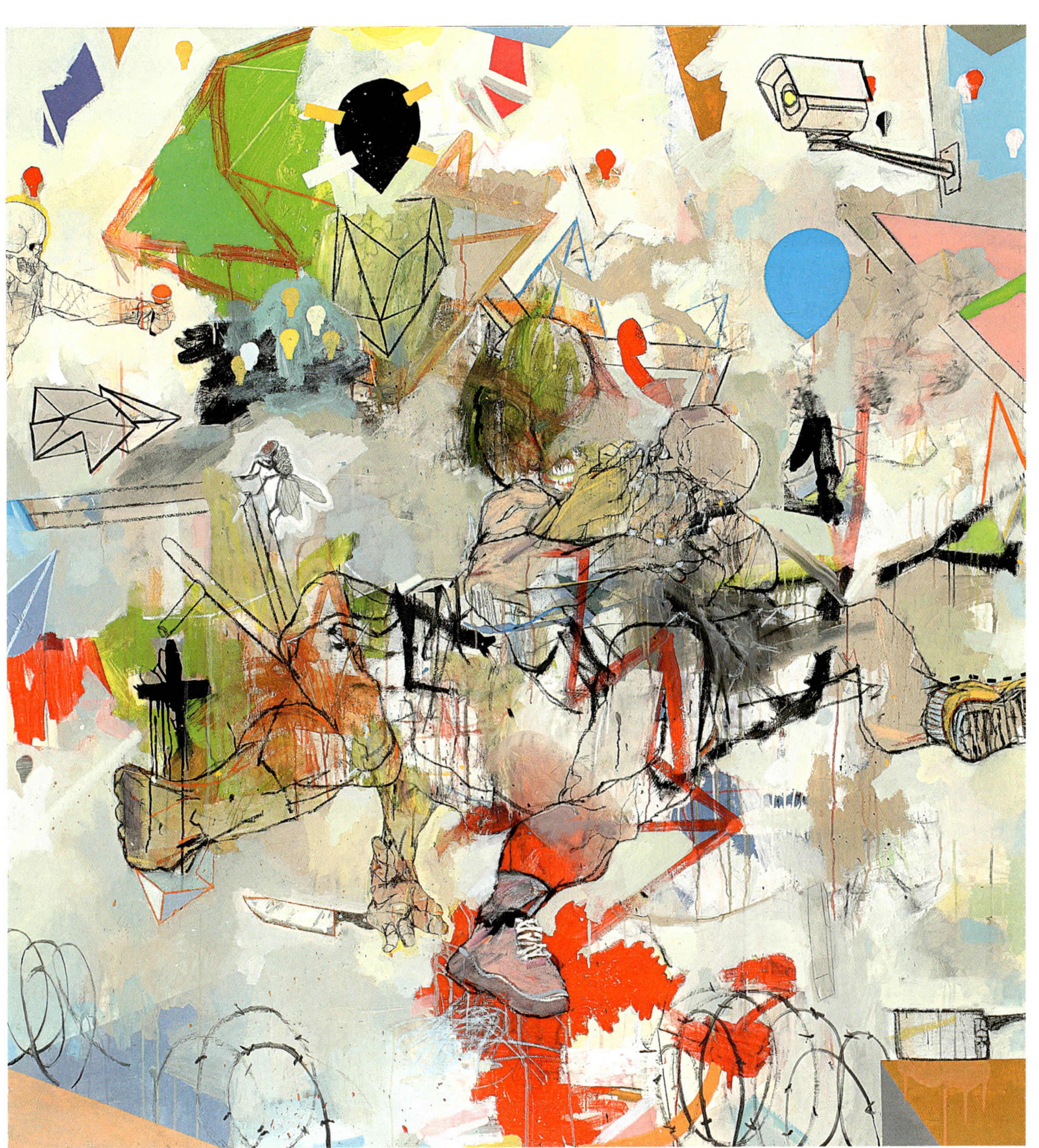

or others... As an artist and citizen, Thameur Mejri does not explicitly formulate the question of the ideality of a system that would respect the individual by inscribing it within the framework of the law. But by being interested in the superimpositions of the forms of power and domination which impregnate and seize the public and private space and impose, in the long run, restrictive systems which dominate the individual, often unconsciously, he acts as a whistleblower. Even by being interested in this reflection on the State of Exception, the artworks illustrate the danger that represent these moments of transition in which a regime can be transformed clandestinely and slip into a form of authoritarianism that will eventually dispossess individuals of their rights. The context of the COVID 19 health crisis embodies some of these emergencies on a global scale, and many voices have been raised in recent months to question the intervention of politics on aspects of the law that go far beyond health issues. For example, how long can these states of health emergency last, allowing states to take exceptional measures and restrict certain fundamental rights — including the right of the individual to mobility — through confinements, curfews or by re-establishing borders, which leads, to cite only a few impacts, to a reduction of the public space and collective life, and also in the freedom of assembly?

This is the whole problem of the state of exception that Agamben believes exists outside the law, while allowing it to act on the law. As a comparison, it is in this same hazy legal zone that the right to rebel against the power in place resides.

Why talk about the state of exception today? And why refer to it in the plural by adding an "s" to the entity of the state? Through his research, his readings and a whole iconographic lexicon, Thameur Mejri relates a great many symbols of consumption, surveillance, power and authority. For the artist, to evoke this notion is to return to these essential questions and to deconstruct the processes of domination at all levels, whether they are the individual as a citizen in their family unit or the body politic in confrontation with the state, but also countries within larger networks of political, economic and religious interests dominated by the interests of third powers. He is interested in the forms of power's hold, in the zones of emptiness occupied by subterranean forms of domination in the making, and in exposing their "apparatuses", a notion in which Giorgio Agamben was also interested and through which we can further analyze Thameur Mejri's compositions.

comme à court terme pour les systèmes démocratiques (gouvernement par la majorité) perçus encore aujourd'hui comme un idéal mais dont l'évidence est mise en question. Les principes de ce gouvernement par la majorité peuvent parfois glisser subtilement de droit sinon de fait vers d'autres formes de régimes : autocratie, ploutocratie, théocratie, technocratie, ou d'autres encore... Thameur Mejri en tant qu'artiste et citoyen ne formule pas explicitement la question de l'idéal d'un système qui respecterait l'individu en l'inscrivant dans le cadre du droit. Mais en s'intéressant aux superpositions des formes de pouvoir et de domination qui imprègnent et s'emparent de l'espace public et privé et imposent, à terme, des systèmes restreignant qui dominent, souvent inconsciemment l'individu, il agit comme un lanceur d'alerte. Ses œuvres même s'intéressent à cette réflexion sur l'état d'exception et illustrent le danger que représentent ces moments de transition pendant lesquels un régime peut se transformer clandestinement et basculer dans une forme d'autoritarisme qui dépossédera *in fine* les individus de leurs droits. Le contexte de la crise sanitaire de la Covid-19 incarne à l'échelle mondiale certaines de ces urgences et de nombreuses voix se sont élevées ces derniers mois afin d'interroger l'intervention du politique sur des aspects du droit qui dépassent largement les questions de la santé. Combien de temps peuvent par exemple durer ces états d'urgence sanitaires qui permettent aux États de prendre des mesures exceptionnelles et de restreindre certains droits fondamentaux dont le droit à la mobilité des personnes, à travers les confinements, les couvre-feux ou en rétablissant des frontières, ce qui conduit, pour ne citer que quelques exemples, à une réduction de l'espace public, de la vie collective et du droit de rassemblement ?

C'est toute la problématique de l'état d'exception qu'Agamben estime exister en dehors du droit, tout en lui permettant d'agir sur le droit. À titre de comparaison, c'est dans cette même zone de flou juridique que l'on trouvera aussi le droit à la rébellion contre le pouvoir en place.

Pourquoi parler des états d'exception aujourd'hui ? Et pourquoi convoquer cette notion au pluriel en mettant un « s » à cette entité qu'est l'État ? À travers ses recherches, ses lectures et tout un lexique iconographique, Thameur Mejri met en tension de nombreux symboles de la consommation, de la surveillance, du pouvoir et de l'autorité. Pour l'artiste, évoquer cette notion, c'est revenir à ces questions essentielles et décortiquer les processus de dominations à toutes les échelles, qu'il s'agisse de l'individu dans sa cellule familiale, en tant que citoyen, du corps politique face à

FROM APPARATUSES...

To cover the notion of strategy of thought, Giorgio Agamben focused on the term *"dispositif"* in the thinking of Michel Foucault. Foucault, who had used the term *"dispositif"* from the 70s onwards, and which has been translated in English in particular by the term "apparatus", expressed in an interview what he understood by it: *"What I'm trying to pick out with this term is, firstly, a thoroughly heterogeneous ensemble consisting of discourses, institutions, architectural forms, regulatory decisions, laws, administrative measures, scientific statements, philosophical, moral and philanthropic propositions — in short, the said as much as the unsaid. Such are the elements of the apparatus. The apparatus itself is the system of relations that can be established between these elements [...]."*[6] According to Agamben, Foucault was never interested in the great relational entities that are the State, Sovereignty, Law, and Power, and the term "apparatus" labels these networks, these connections and these links that build what Thameur Mejri conceives as a structure of control. If the state of exception is the dominant mode today, it is indeed through apparatuses that it proceeds. For Agamben, who continues his analysis of Foucault's apparatus, *"It would undoubtedly not be wrong to define the extreme phase of the development of the capitalism in which we live as a gigantic accumulation and proliferation of apparatuses. (...) it seems that there is no longer an instant of the life of individuals that is not shaped, contaminated, or controlled by an apparatus."*[7] And the author goes on to discuss our dependence on the cell phone, an object of freedom but also of surveillance, which echoes the viewer in front of their television, who benefits from entertainment but whose behavior is gradually shaped and whose thoughts and reflexes are manipulated by information, advertising, etc.

Thameur Mejri's modus operandi has the ambition to reveal the existence of these apparatuses set up by the structures of power and control. This principle is perhaps one of the most useful keys for entering a body of work whose compositions are as much constructed by the objects it brings together as by the voids by which they are linked. Mejri orchestrates constellations of objects borrowed from everyday life that he seems to collate by superimposing different compositions. These objects, such as film or theater props, or even those inspired by the street, seem to emerge from scenes and stories of which most traces have disappeared. Of the altered and decomposed narrative, only a few clues remain. By these gaps, Mejri stimulates

6. Michel Foucault in the interview "The Confession of the Flesh" (1977). In *Power/Knowledge Selected Interviews and Other Writings* (ed. Colin Gordon), 1980: pp. 194-228.

7. Giorgio Agamben, tr. D. Kishik & S. Pedatella, *What Is an Apparatus? and Other Essays* (Stanford, CA: Stanford University Press, 2009).

l'État, mais aussi des pays eux-mêmes, inscrits dans des réseaux plus vastes d'intérêts politiques, économiques et religieux, et dominés par les intérêts de puissances tierces. Il s'intéresse aux formes d'emprise du pouvoir, aux zones de vide qu'investissent des formes de dominations souterraines et en devenir et cherche à en exposer les « dispositifs », une notion à laquelle Giorgio Agamben s'est aussi intéressé et à travers laquelle nous pouvons porter plus loin nos analyses des compositions de Thameur Mejri.

DES DISPOSITIFS…

Pour couvrir la notion de stratégie de la pensée, c'est sur le terme de « dispositif », et en pensant à Michel Foucault, que Giorgio Agamben s'est attardé. Michel Foucault, qui a eu recours au terme « dispositif » à partir des années 1970, exprime dans un entretien ce qu'il entend par ce vocable : « Ce que j'essaie de repérer sous ce nom, c'est, premièrement un ensemble résolument hétérogène comportant des discours, des institutions, des aménagements architecturaux, des décisions réglementaires, des lois, des mesures administratives, des énoncés scientifiques, des propositions philosophiques, morales, philanthropiques, bref : du dit aussi bien que du non-dit, voilà les éléments du dispositif. Le dispositif lui-même c'est le réseau qu'on établit entre ces éléments[6]. »

Selon Agamben, le philosophe ne s'est jamais intéressé aux grandes entités relationnelles que sont l'État, la souveraineté, la loi, le pouvoir, et le dispositif qualifierait ces réseaux, ces connections et ces liens qui construisent ce que Thameur Mejri conçoit comme une structure de contrôle. Si l'état d'exception est le mode dominant aujourd'hui, c'est bien à travers des dispositifs qu'il procède. Pour le philosophe qui poursuit l'analyse du dispositif foucaldien, « il ne serait sans doute pas erroné de définir la phase extrême du développement du capitalisme dans laquelle nous vivons comme une gigantesque accumulation et prolifération de dispositifs. […] il semble qu'il n'y ait plus un instant de la vie des individus qui ne soit modelé, contaminé, ou contrôlé par un dispositif[7]. » Et l'auteur de poursuivre sur notre dépendance au téléphone portable, objet de liberté mais aussi de surveillance qui fait écho au spectateur devant sa télévision : il bénéficie d'un divertissement mais son comportement est progressivement modelé et sa pensée et ses réflexes se trouvent manipulés par l'information, la publicité…

Le mode opératoire de Thameur Mejri a pour ambition de révéler l'existence de ces dispositifs mis en place par les structures de pouvoir et de contrôle. Ce principe est peut-être l'une

6. *Ibid.*, p 30.

7. AGAMBEN, Giorgio, « Théorie des dispositifs », traduit de l'italien par Martin Rueff, *in* Po&sie, Belin, 2006, p. 25.

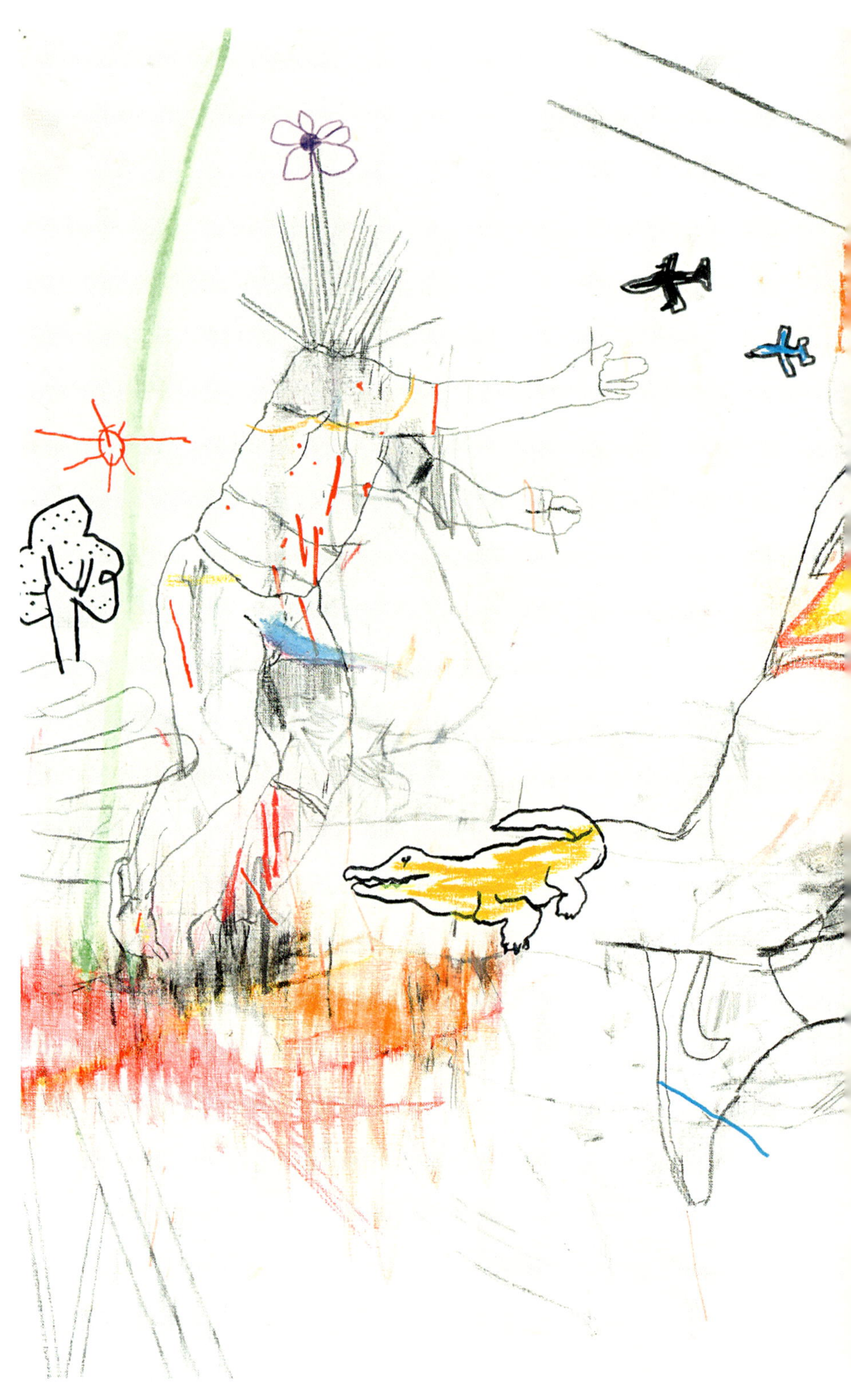

Sick of being you 7, 2020
Mixed media on grain paper / Technique mixte sur papier à grain
65 × 100 cm

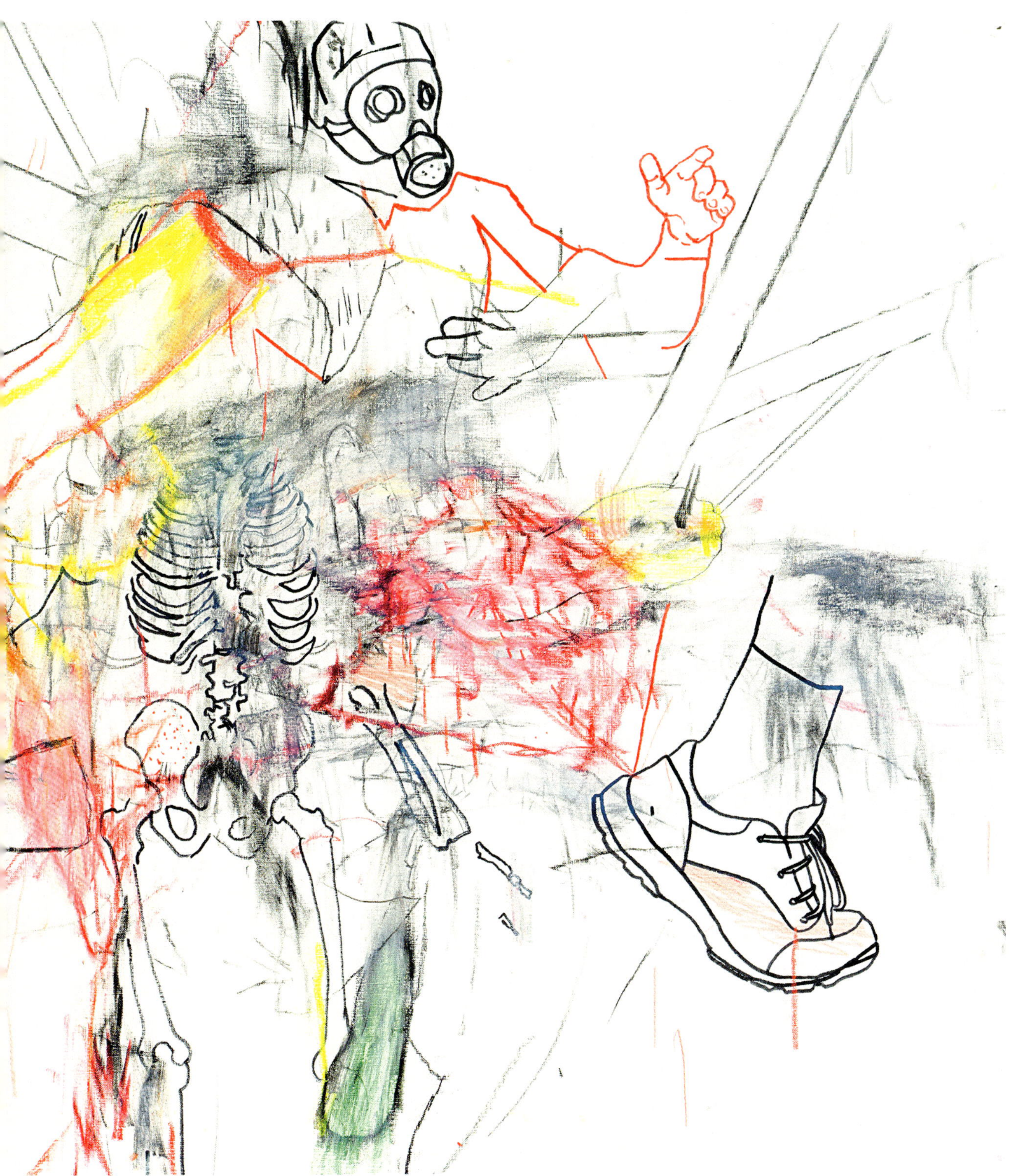

the capacity for imagination of the viewer, who individually re-composes the logic or logics of the whole. The subconscious associations are applied to automatisms and thought-structuring mechanisms and, like a Rorschach test, the viewer's mind will find itself in presence of a thought of its own. A discourse, a reading, induced by the artist, will nevertheless emerge, and it is in this way that Mejri reveals these famous apparatuses, by engaging the viewer in the field of surveillance and repression.

The viewer's gaze is regularly drawn to the fairly omnipresent cameras that seem to remind us that, unlike control, surveillance can be exercised by anyone and from this point of view, each of us becomes an instrument of power. The digital, communication and broadcasting tools that frequently appear in his drawings and paintings evoke this contemporary disease of hyper-connection and its perverse effects, including the filing and use of personal data and the endless densification of a digital network that traps the individual, a necessarily active producer of information who more or less consciously plays the game of police states increasingly eager to establish "global surveillance."[8] The enunciation of this phenomenon becomes in itself, for the artist, an act of resistance when he considers "[...] *that power and its mechanisms are everywhere, they even shape our imagination, so the role of the artist and the intellectual is to try to deactivate and disable these mechanisms and apparatuses, and this through creation, as the act of painting becomes resistance.*"[9] The artist asserts of course a political and moral motivation behind the organization of his compositions, but by suggesting issues that the viewer materializes in his mind, he engages the attention of the viewer whose awareness he seeks to raise: rather like the readers of the postcards in Hans Fallada's 1947 novel *Alone in Berlin* (Jeder stirbt für sich allein). This novel is based on the true story of the Nazi-resistants Otto and Elise Hampel, a working-class couple who, almost in spite of themselves, engaged in resistance of conscience, not of arms. In the novel, Otto and Elise Hampel left postcards in semi-public spaces, such as stairwells and mailboxes, on which they had written messages exhorting resistance and denouncing the fascist regime. In the short term, the guiltier party did not seem to be those who wrote the postcards, but those who read them purely by chance, and who felt uncomfortable with their awakening conscience, as if they had been contaminated, and who, refusing to be accomplices to this act of conscience, took the postcards to the Gestapo, which led to their authors being executed. However, once initiated, the thought could not be quelled and

8. Eric Sadin, *Surveillance globale. Enquête sur les nouvelles formes de contrôle* (Paris: Climats, 2009), p. 14.

9. Conversation between the author and the artist, March 15, 2021.

des clés de lecture la plus utile pour entrer dans un travail dont les compositions sont autant construites par les objets qu'il rassemble que par les vides qui les relient. Mejri orchestre des constellations d'objets empruntés au quotidien qu'il semble rassembler en superposant différentes compositions. Ces objets, semblables à des accessoires de films ou de théâtre ou encore inspirés de la rue, paraissent émerger de scènes et d'histoires dont la majorité des traces ont disparu. Du récit altéré et décomposé, il ne reste que quelques indices. L'artiste stimule par ces manques la capacité d'imagination de son spectateur qui recompose de lui-même la logique ou les logiques de l'ensemble. Les associations subconscientes se plaquent sur des automatismes et des mécanismes de structuration de la pensée et, tel un test de Rorschach, l'esprit du spectateur se trouve en présence d'une pensée qui lui est propre. Un discours va tout de même émerger, une lecture, que l'artiste induit, et c'est ainsi qu'il révèle ces fameux dispositifs, en engageant par exemple le spectateur sur le terrain de la surveillance et de la répression.

Le regard du spectateur se porte régulièrement sur les caméras assez omniprésentes qui semblent rappeler qu'à la différence du contrôle, la surveillance peut être exercée par n'importe qui et, de ce point de vue, chacun d'entre nous devient un instrument du pouvoir. Les outils numériques, de communication et de diffusion qui reviennent fréquemment dans ses dessins et ses peintures évoquent cette maladie contemporaine de l'hyperconnexion et ses effets pervers dont le fichage et l'utilisation des données personnelles et la densification sans fin d'un maillage numérique qui prend au piège l'individu, producteur nécessairement actif d'informations jouant plus ou moins consciemment le jeu des États policiers toujours plus avides d'instaurer des régimes de « surveillance globale[8] ». L'énonciation de ce phénomène devient en elle-même, pour l'artiste, un acte de résistance quand il estime : « le pouvoir et ses mécanismes sont partout, ils façonnent même notre imaginaire, alors le rôle de l'artiste et de l'intellectuel c'est d'essayer de désactiver et de désœuvrer ces mécanismes et ces dispositifs, et ceci à travers la création, l'acte de peindre devient résistance[9]. » L'artiste affirme bien sûr une motivation politique et morale derrière l'agencement de ses compositions, mais en suggérant des problématiques que le spectateur matérialise dans son esprit, il engage l'attention du spectateur qu'il cherche à conscientiser. Un peu comme les lecteurs des cartes postales dans *Seul à Berlin* (*Jeder stirbt für sich allein*) le roman d'Hans Fallada publié en 1947. Ce roman fut écrit à partir de l'histoire vraie de résistants au nazisme, Otto et Elise Hampel, un couple d'ouvriers engagés presque malgré

8. SADIN, Éric, *Surveillance globale : enquête sur les nouvelles formes de contrôle*, Paris, Flammarion, coll. « Climats », 2009, p. 14.

9. Conversation entre l'auteur et l'artiste, 15 mars 2021

it became impossible for the readers to ignore the awakening of their conscience, like the start of an uncontrollable fire. The revelation, not of isolated and incomprehensible facts, but of the apparatus, its existence and its modes of action, is a path that can only be followed in one direction.

The repression of minds and bodies is an essential dialectic in the work of Thameur Mejri. Constrained bodies appear against colored areas that seem to suggest a bloody, fiery atmosphere. The body, perceived and dissected by instruments of surveillance and control, appears torn apart. The individual is fragmented and split into parts by all these apparatuses that segment the population in terms of sexuality, gender, color, social class, etc., a state of affairs that ends up corrupting our living-together by fragmenting society indefinitely. What response should we make and how should be involve minds and bodies in this emergency?

...TO COUNTER-APPARATUSES

As a general rule, the artist does not see any interest in giving a specific and thus closed interpretation — since it is personal and thus individual — of the elements that compose his paintings, at the risk of assigning them a fixed iconography. The question of interpretation and relevance of the exercise arises in absolute terms. As Claire Bishop reminds us about the installation, Sigmund Freud in his *Interpretation of Dreams* (1900), writes that *"the dream has a composite structure: if taken as a whole, it will seem to be nonsensical and can only be interpreted when broken down into its constitutive elements, rather like a rebus"*.[10] Dreams are not meant to be deciphered literally, but leave room for free associations and — if we are to believe Friedrich Nietzsche's famous sentence that *"there are no facts, only interpretations"* (*"Es gibt keine Tatsachen, nur Interpretationen"*) — it is not necessarily valid to scrutinize objects and to search for a literal meaning to attach to them. It may, however, be useful to take a step back and consider, through a meta-reading, the way the elements interact, oppose or complement each other, and the networks and structures that they make up. The notion of system has been mentioned several times, which covers innumerable domains and therefore meaning, the meaning of the organization and setting up of a structure, of a network, either to note the existence of an organization or to arrange elements with a precise objective. The painter who constructs his composition and arranges its elements necessarily considers the

10. Claire Bishop, *Installation Art: a Critical History* (London: Tate, 2011), p. 16.

eux dans une résistance de conscience et non d'arme. Dans le roman, Otto et Anna Quangel déposent des cartes postales dans des espaces semi-publics, comme des cages d'escaliers ou des boîtes aux lettres, sur lesquelles sont écrits des messages de résistance et de dénonciation du régime fasciste. Le plus coupable ne semble pas à court terme être celle ou celui qui les écrit et les dispose, mais celles et ceux qui les lisent, par hasard, et se sentent mal à l'aise avec leur conscience en éveil, comme contaminés et qui, refusant d'être complice de conscience, rapportent les cartes à la Gestapo, menant leurs auteurs à la mort. La pensée faisant alors son chemin, il devient impossible d'ignorer l'éveil de sa propre conscience, comme le départ d'un feu incontrôlable. La révélation, non de faits isolés et incompréhensibles, mais du dispositif, de son existence et de ses modes d'action est un chemin qui ne peut se faire dans les deux sens.

Le passage de la répression des esprits à celle des corps est une dialectique essentielle dans l'œuvre de Thameur Mejri. Le corps contraint émerge de zones colorées qui semblent exprimer une atmosphère sanguine et embrasée. Le corps, perçu et décomposé par les instruments de surveillance et de contrôle, apparaît écartelé. L'individu est comme fragmenté et divisé par tous ces dispositifs qui segmentent la population en termes de sexualité, de genre, de couleur, de classe sociale... ce qui finit de corrompre le vivre-ensemble en fragmentant indéfiniment la société. Quelle réponse adopter et comment impliquer les esprits et les corps dans cette urgence?

... AUX CONTRE-DISPOSITIFS

En règle générale, l'artiste ne voit pas d'intérêt à livrer une interprétation spécifique et donc fermée – puisque personnelle et donc individuelle – des éléments qui composent ses peintures au risque de leur assigner une iconographie figée. Se pose dans l'absolu la question même de l'interprétation et de la pertinence de l'exercice. Comme le rappelle Claire Bishop au sujet de l'installation, Sigmund Freud dans son *Interprétation des rêves* (1900) : « Le rêve doit être considéré comme une structure composite, à prendre comme un tout, et ne peut être interprété que décomposé en ses éléments constitutifs, un peu comme un rébus[10]. » Le rêve n'est pas fait pour être décodé au sens littéral mais pour laisser place à des associations libres et si l'on en croit une phrase devenue fameuse de Friedrich Nietzsche, selon qui « il n'y a pas de fait, il n'y a que des interprétations » (« *Es gibt keine Tatsachen, nur Interpretationen.* »), il n'est pas nécessairement pertinent de scruter l'objet et d'en

10. BISHOP, Claire, *Installation Art: a Critical History*, Londres, Tate Publishing, 2001, p. 16.

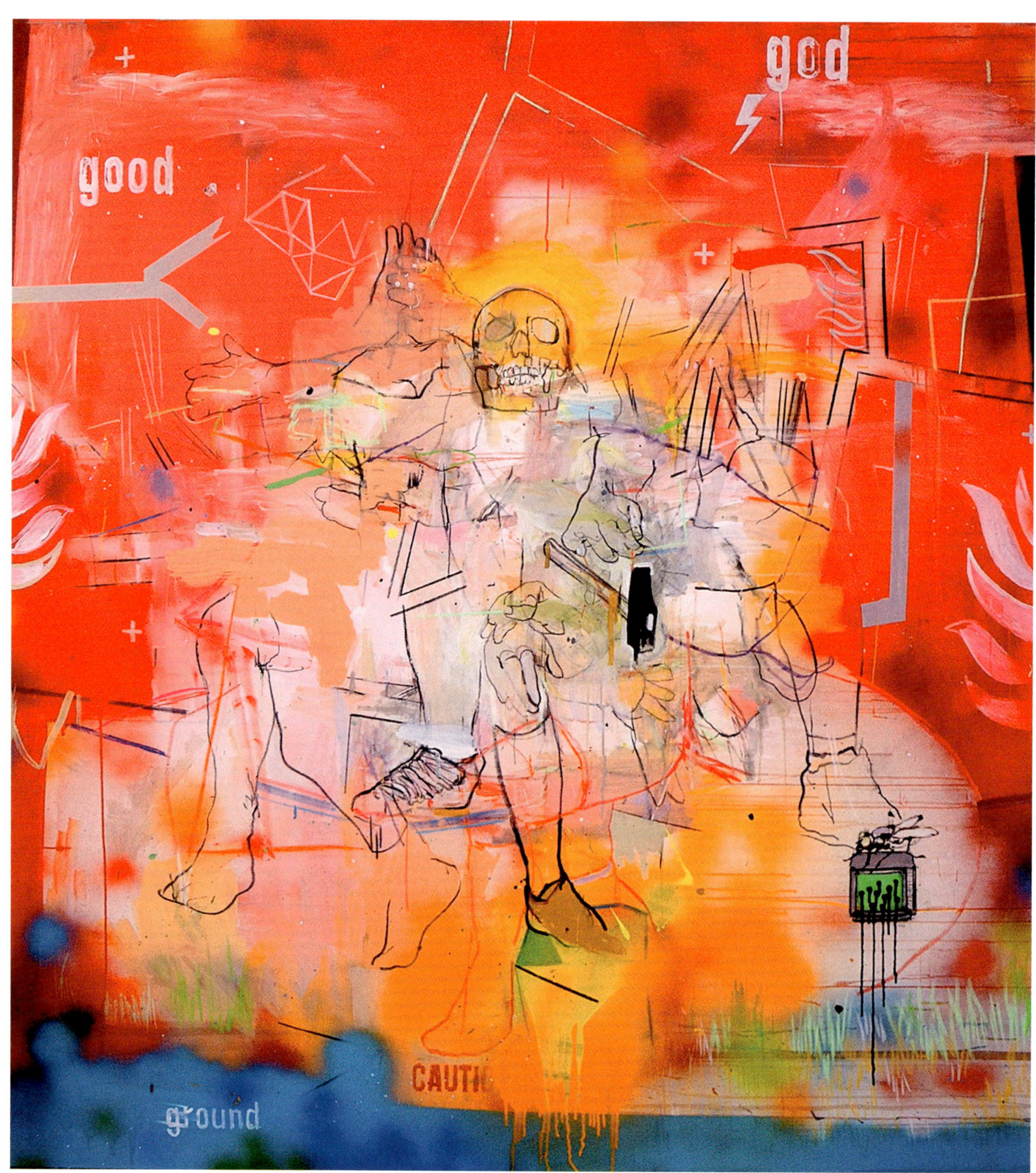

Sans titre / Untitled *(good god)*, 2018
Pencil, charcoal and acrylic on canvas / Crayon, fusain et acrylique sur toile
200 × 180 cm

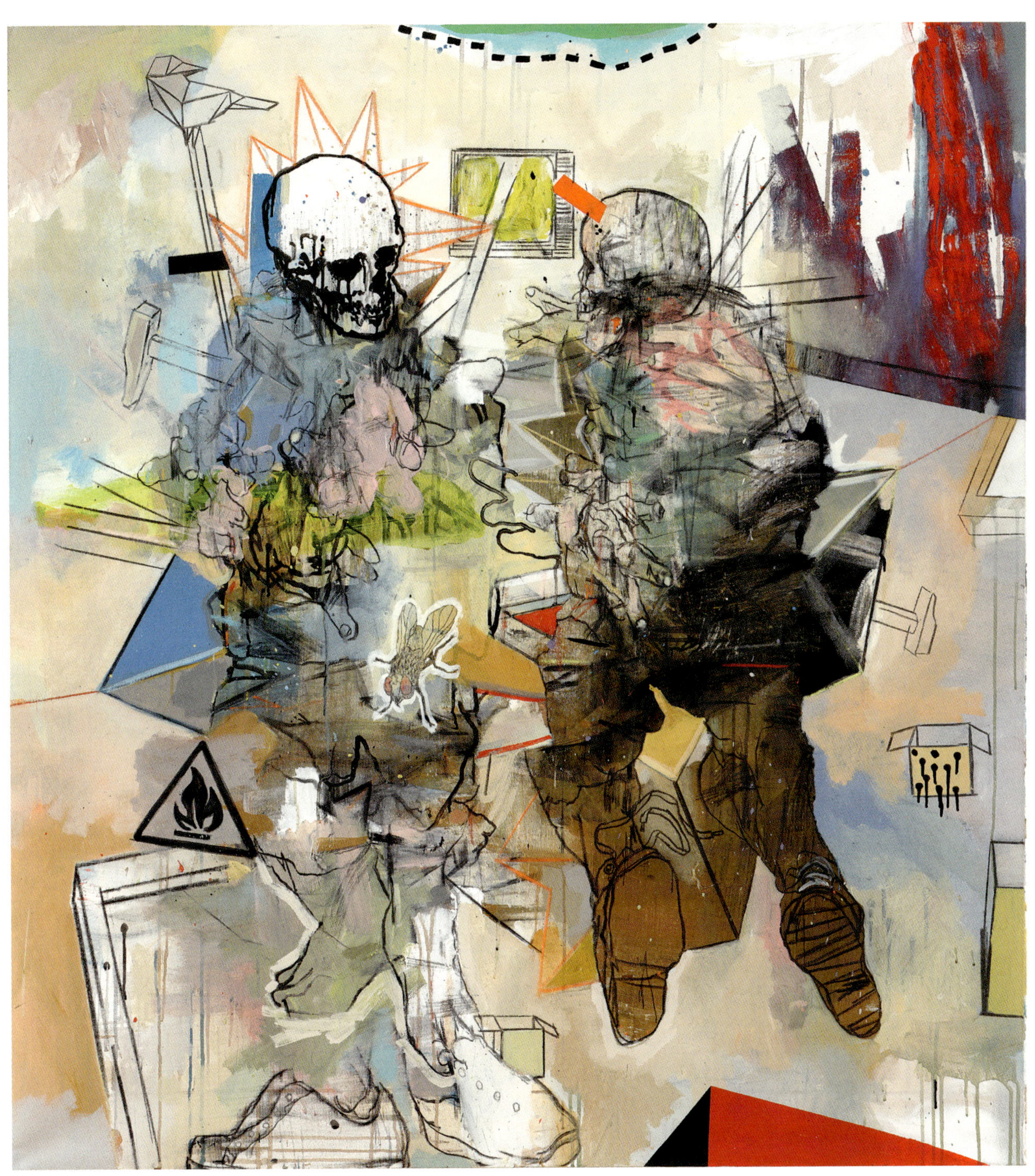

The present is obsolete 3, 2017
Mixed media on canvas / Technique mixte sur toile
160 × 130 cm
Collection Dalloul Art Foundation, Beirut, Lebanon / Beyrouth, Liban

notion of arrangement, and Thameur Mejri, more than any other, elaborates a strategy.

According to Michel Foucault, the *dispositif* (apparatus) essentially has a strategic nature and implies *"a certain manipulation of power relations, a rational and concerted intervention in these power relations, either to develop them in a certain direction, or to block them, or to stabilize them, to use them"*.[11] It thus always exists within a dimension of power. Thameur Mejri's principle of representation consists, as we have seen, in revealing certain apparatus of control and the exercise of the power, grey areas where these forces ally themselves in order to structure and impose a power that eludes the law, such as the State of Exception. He has constructed a system of representation that might be described as revealing apparatuses or counter-apparatuses, the purpose of which is to reveal the existence of these forms of control and their impact on the individual, whether intellectual, emotional or physical. Since the artist considers the relationship between the viewer and his work, and involves the whole exhibition on this basis, could it not be formulated that it is the exhibition as a whole and what revolves around it, notably its discourse, scenography and mediation, that form counter-dispositifs? It is true that we encounter forms of art based on the exclusion of social codes, and can be summarized as consumer goods that permit certain wealthy individuals to be part of a sophisticated game of social validation. But independently of all these social and economic codes that characterize, it is true, a certain milieu of the art world, a profusion of practices, commitments, diffusions, sharings and mediations produce artworks and discourses that challenge the systems, reveal anomalies and convey questioning. Their purpose is to mobilize knowledge, and to make available to those willing to seize it, critical devices and methods of reading that represent, in the literal sense, counter-apparatuses and tools of resistance. Thameur Mejri's commitment to producing discourse that lies beyond the creation of his works, to understanding art history and the contribution of art — and of its practice in particular — to the critical, political and philosophical currents of thought, in particular in his commitment to teaching, are all counter-powers that carry weight in this balance of power, namely that of subjectivity in the face of "governmentality".

This other Foucauldian concept of governmentality designates a rationality embodied in a form of power over the population called government, and exemplified by the administrative

11. Michel Foucault, "le jeu de Michel Foucault", in *Dits et écrits*, vol. II (Paris: Gallimard, 2017), pp. 299-300.

chercher une signification littérale. Il peut cependant paraître utile de prendre un peu de distance afin de considérer, grâce à une métalecture, les éléments dans leur dynamique, la façon dont ils dialoguent, s'opposent ou se complètent, et les réseaux et structures qu'ils composent. Nous avons évoqué à plusieurs reprises la notion de système, cette notion couvre d'innombrables domaines et donc sens, du sens de l'organisation, de la mise en place d'une structure, d'un réseau, soit pour constater l'existence d'une organisation ou encore pour disposer des éléments dans un objectif précis. Le peintre qui construit sa composition et dispose les éléments se pose nécessairement la question de l'agencement et Thameur Mejri, plus qu'aucun autre, élabore une stratégie.

Selon Michel Foucault, le dispositif est essentiellement de nature stratégique, il implique « une certaine manipulation de rapports de force, d'une intervention rationnelle et concertée dans ces rapports de force, soit pour les développer dans telle direction, soit pour les bloquer, ou pour les stabiliser, les utiliser[11]. » Il est donc toujours inscrit dans un jeu de pouvoir. Le principe de représentation de Thameur Mejri consiste, nous l'avons vu, à révéler certains dispositifs de contrôle et d'exercice du pouvoir, ces zones d'ombre où ces forces s'allient afin de structurer et d'imposer un pouvoir qui échappe au droit, tel que l'état d'exception. Il a construit un système de représentation que l'on pourrait qualifier de révélateur de dispositifs ou de contre-dispositifs, un système ayant pour but de révéler l'existence de ces formes de contrôle et leur impact intellectuel, émotionnel ou physique sur l'individu.

Puisque l'artiste envisage la relation du spectateur à son œuvre et qu'il engage l'ensemble de l'exposition dans cette voie, ne pourrait-on pas formuler que c'est l'exposition dans son ensemble et ce qui l'entoure, notamment le discours, la scénographie et la médiation, qui formeraient des contre-dispositifs ? Certes, nous rencontrons des formes d'art qui reposent sur des codes sociaux excluants, et se résument en biens de consommation permettant à certains individus fortunés de s'inscrire dans un jeu mondain de validation sociale. Mais indépendamment de tous ces codes sociaux et économiques qui caractérisent, il est vrai, un certain milieu de l'art, une profusion de pratiques, d'engagements, de diffusions, de partages et de médiations produisent des œuvres et des discours qui défient les systèmes, révèlent les anomalies et véhiculent les questionnements. Ceux-ci ont pour objet de mobiliser les savoirs et de mettre à disposition des personnes qui veulent bien s'en saisir, des appareils critiques et des méthodes de lecture qui représentent, au sens propre, des contre-dispositifs et des outils de

11. FOUCAULT, Michel, « Le jeu de Michel Foucault », *Dits et écrits*, vol. II, Paris, Gallimard, 2017, p. 299-300.

state that is called upon to manage this population. By inspiring certain questions — such as: Who exercises power and how? In what respect? For whom? By whom? — Thameur Mejri helps his contemporaries to remain alert at a time when democracies, young and less young, are facing unprecedented crises.

The question of knowledge, education — of the type of education — and the opening of minds lies at the heart of Thameur Mejri's struggle, as he has been a teacher for the last ten years and is confronted by new generations of artists. He has not been unaware of the fact that Agamben posits "knowledge", not as an end in itself, but as an essential component of the apparatuses of control and oppression, as, according to the philosopher, "[*the apparatus*] *results from the intersection of relations of power and relations of knowledge*". This demonstration is perhaps a form of truism but unfortunately necessary, that education, and in particular that of youth, knowledge and learning are the first counter-strategies that will allow individuals to identify the apparatuses that exercise control and authority, to understand and master these mechanisms, and to prepare a response, whether it be artistic, political or both at once. We recall that Agamben's question was not whether art could be political, but "how to act politically", and that he did not construct his reasoning from the point of view of the artist, but of the citizen. Thameur Mejri's art goes even further because it is both as an artist and as a citizen that he considers that it is through the education of the new generations — an essential collective investment and the main manifestation of a constructive and effective policy — that we will be able to obtain dignified governments in the future and perhaps prevent the excesses of power of which the perpetual states of exception are only one incarnation.

résistance. L'engagement de Thameur Mejri à produire du discours au-delà de la réalisation de ses œuvres, à comprendre l'histoire de l'art et la contribution de l'art – et de sa pratique en particulier – dans les courants de pensées critiques, politiques et philosophiques, en particulier dans son engagement à travers l'enseignement, sont autant de contre-pouvoirs qui pèsent dans ce rapport de force, à savoir celui de la subjectivité face à la « gouvernementalité ».

Cet autre concept foucaldien de gouvernementalité désigne une rationalité incarnée notamment dans une forme de pouvoir sur la population que l'on appelle le gouvernement, et exemplifiée par l'État administratif amené à gérer cette population. En inspirant certaines questions – à savoir : qui exerce le pouvoir et comment ? À quel titre ? Pour qui ? Par qui ? – Thameur Mejri aide ses contemporains à rester en alerte au moment précis où les démocraties, jeunes comme moins jeunes, font face à des crises sans précédent.

Les questions des savoirs, de l'éducation – du type d'éducation – et de l'ouverture des esprits sont au cœur du combat de Thameur Mejri qui exerce depuis dix ans en tant que professeur et qui se confronte aux nouvelles générations d'artistes. Il n'a pas été insensible au fait qu'Agamben pose le « savoir », non comme une finalité, mais comme une composante essentielle des dispositifs de contrôle et d'oppression, car selon le philosophe : le dispositif « résulte du croisement des relations de pouvoir et des relations de savoir ». Cette démonstration est peut-être une forme de lapalissade mais elle est malheureusement nécessaire : l'éducation, en particulier celle de la jeunesse, la connaissance et l'apprentissage sont les premières contre-stratégies qui permettront aux individus d'identifier les dispositifs qui exercent le contrôle et l'autorité, de comprendre et de maîtriser ces mécanismes et de préparer une réponse, qu'elle soit artistique, politique ou les deux à la fois. Nous nous rappellerons que la question d'Agamben n'était pas de savoir si l'art pouvait être politique, mais de comprendre « comment agir politiquement » et qu'il ne construisait pas son raisonnement du point de vue de l'artiste, mais de celui du citoyen. L'art de Thameur Mejri va donc plus loin encore car c'est à la fois en tant qu'artiste et en tant que citoyen qu'il considère que c'est par l'éducation des nouvelles générations, investissement collectif essentiel et principale manifestation d'une politique constructive et efficace, que nous pourrons obtenir à l'avenir des gouvernements dignes et peut-être prévenir les dérives du pouvoir dont les états d'exception perpétuels ne sont qu'une incarnation.

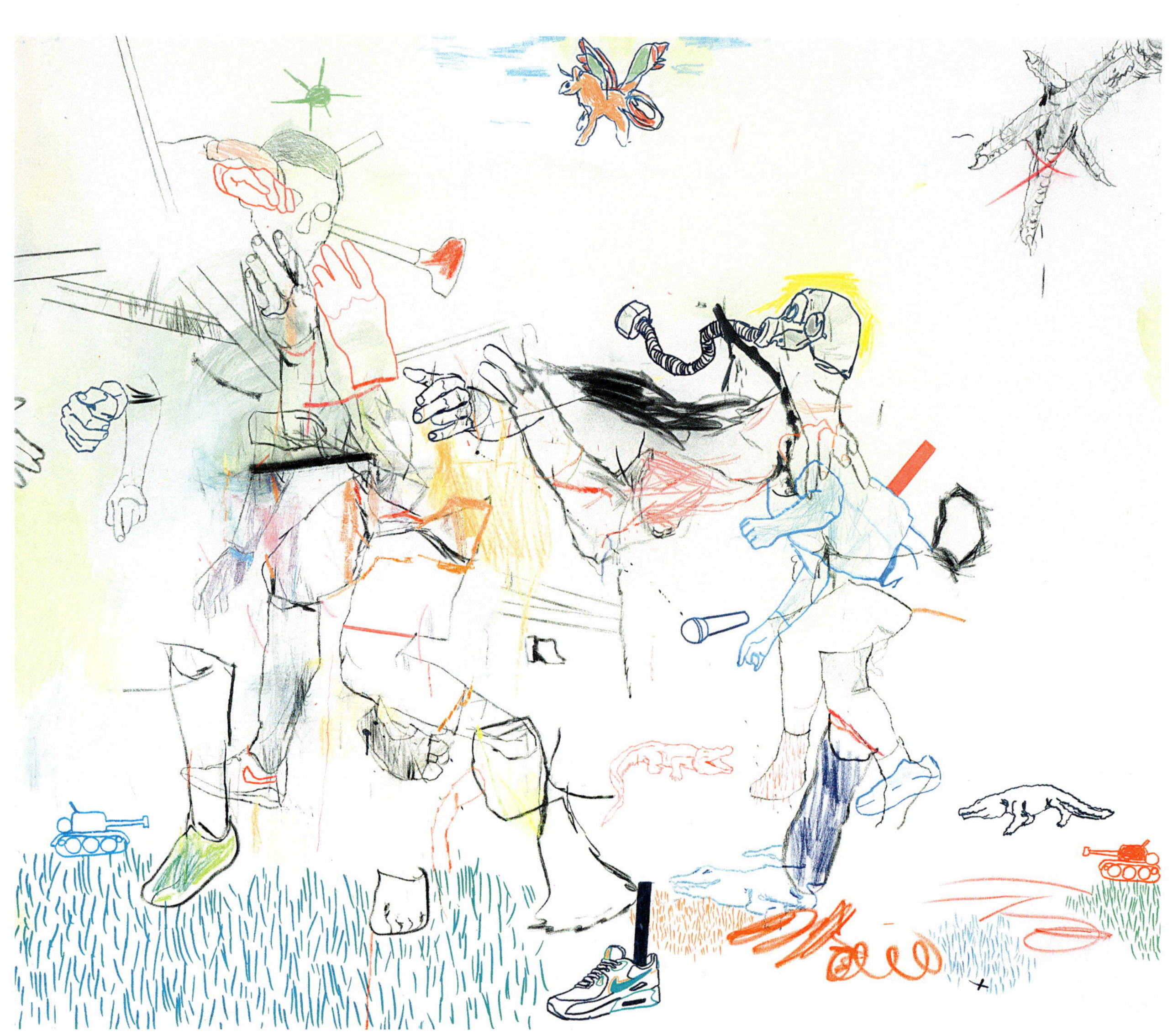

Superstructures 1, 2020
Mixed media on canvas / Technique mixte sur toile
130 × 150 cm

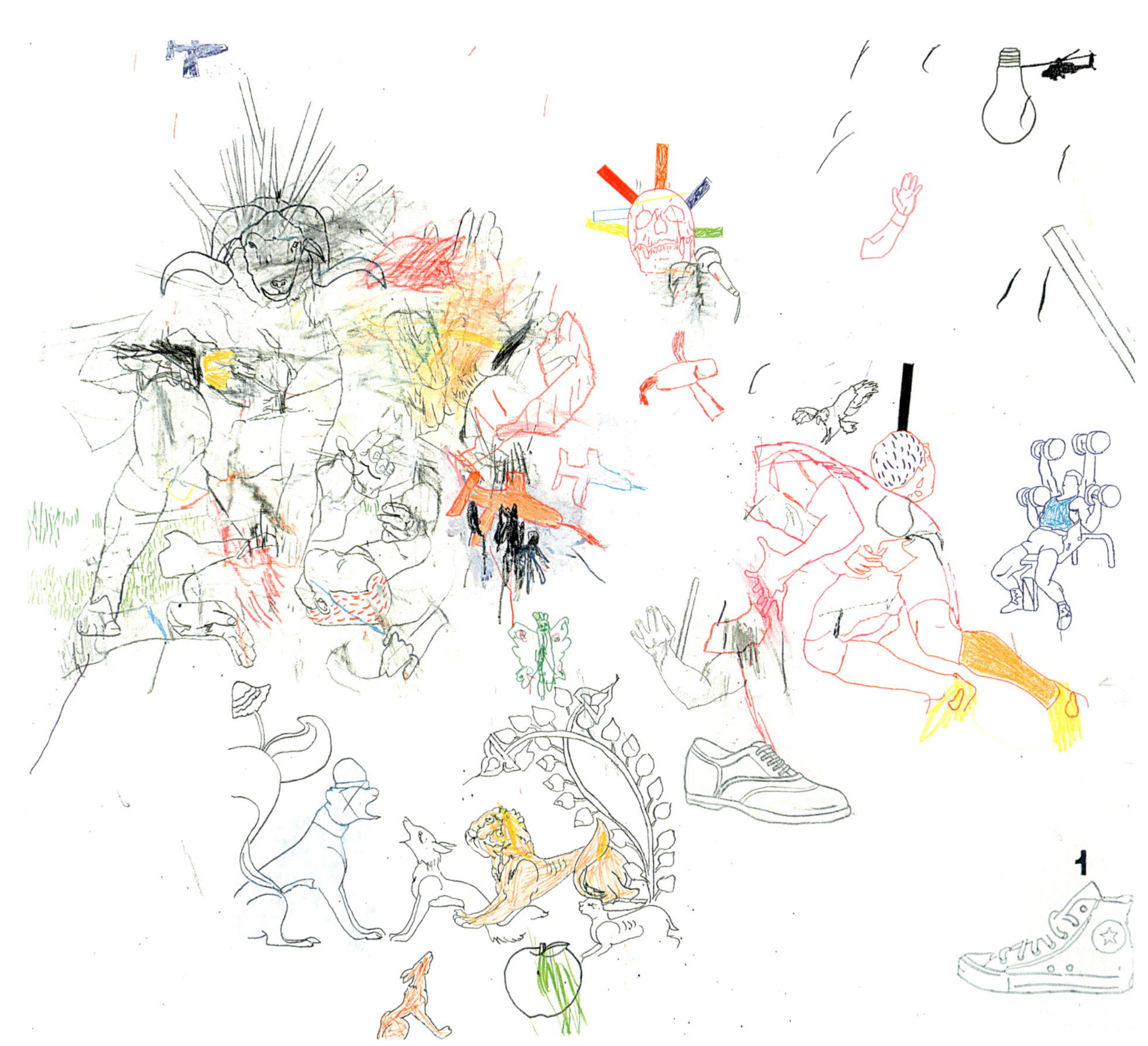

This is how it appears to me 3, 2020
Mixed media on grain paper / Technique mixte sur papier à grain
140 × 155 cm

The body in the paintings of Thameur Mejri

Olfa Youssef

1. Jacques Lacan, Seminar I, *Freud's Papers on Technique* (1953–54), ed. J.A. Miller, trans. J. Forrester (Cambridge: Cambridge University Press, 1988 [1975]).

Mejri's paintings examine a human body that has been deconstructed and reconstructed in the aesthetic space. The body is placed in relation with other physical bodies, animals and scattered objects. And although the question of the body opens onto different fields, such as literature, anthropology and sociology, I have opted — by allowing myself to be conquered by Mejri's work and its subtleties — to take a psychoanalytical and philosophical approach. I have chosen to consider the deconstruction of the body in Mejri's paintings in relation with Lacan's three topics: the Imaginary, the Symbolic and the Real.

THE IMAGINARY BODY

One of our first body-related experiences is the one Lacan calls the "mirror stage", in which the child, held by a third party in front of a mirror, sees the reflection of a united body, though he is still far from being able to understanding this unity physiologically. The illusion of unity erases the truth of the fragmentation. In contrast to the deception caused by the mirror, Mejri's painting seems to lay claim to the fragmentation of the body, as if it wanted to call into question the alienating imaginary anticipation. Mejri does not seek to comfort or reassure the other in a soothing illusion. He generates a kind of anguish that reminds us that man espouses something within himself, this body, which, in the end, is radically different from him.[1] The body-ego is fragmented, and only the imaginary narcissistic perspective allows him to give it an illusion of unity or an illusory unity. Moreover, no one could deny that these paintings represent a human body, but no one would presume to identify with it in an imaginary topic. Not only does the fragmentation forbid any identification, but it ontologically undermines any temptation to reunify the body. Mejri's work is deeply disturbing, and the question of human identity of man is at its heart. Who are we? Are we this body? Are we these scattered, divided, dispersed members onto which we graft an imaginary unity? Or are we the

Le corps dans les peintures de Thameur Mejri

Olfa Youssef

Les peintures de Mejri questionnent un corps humain défait et reconstruit dans l'espace esthétique. Ce corps est en corrélation avec d'autres corps physiques, animaux et objets épars. Et si la problématique du corps ouvre sur des domaines divers, de la littérature, à l'anthropologie ou à la sociologie, on a opté en se laissant conquérir par l'œuvre de Mejri et par ses subtilités pour une approche psychanalytique et philosophique. On a été tenté par la déconstruction du corps dans les peintures de Mejri dans la visée des trois topiques lacaniennes : l'imaginaire, le symbolique et le réel.

LE CORPS IMAGINAIRE

L'une de nos premières expériences avec le corps est celle que Lacan nomme « stade du miroir », où l'enfant, porté par un tiers, voit dans le miroir un corps uni, alors qu'il est encore loin de maîtriser physiologiquement cette unité. L'illusion de l'unité efface la vérité du morcellement. À l'opposé du leurre du miroir, la peinture de Mejri a l'air de revendiquer le morcellement du corps, comme si elle voulait remettre en question l'anticipation imaginaire aliénante. Mejri ne veut ni réconforter, ni conforter l'autre dans une illusion qui le soulage. Il génère une sorte d'angoisse qui rappelle que l'homme assume en lui quelque chose, ce corps qui, au bout du compte, est radicalement différent de lui[1]. Le moi-corps est morcelé, et seule la perspective narcissique imaginaire permet de lui donner une illusion d'unité ou une unité illusoire. D'ailleurs, nul ne pourrait nier à ces peintures une représentation de corps humain, mais nul n'oserait s'y identifier dans une topique imaginaire. Non seulement le morcellement interdit toute identification, mais il sape ontologiquement toute tentation de réunifier le corps. L'œuvre bouleverse au plus profond, et la question de l'identité de l'homme y trouve toute sa place. Qui sommes-nous ? Sommes-nous ce corps ? Sommes-nous ces membres épars, divisés, dispersés, sur lesquels on greffe une unité imaginaire ? Ou sommes-nous les usages que ce corps pourrait faire de tous ces objets hétéroclites aussi diffus

1. LACAN, Jacques, *Le Séminaire. Livre I. Les écrits techniques de Freud (1953-1954)*, Paris, Le Seuil, 1991, p. 232-234.

uses that this body could make of all these heterogeneous objects as diffuse in Mejri's paintings as the limbs of the human body? Do these paintings allow us to reassess Wittgenstein's famous phrase: "*Don't ask for the meaning; ask for the use*", and express it differently: "Don't ask for the identity of the body, ask for the use that the body makes of objects". These objects, supposedly at the service of man, are generally at the periphery of the painting while the body, however fragmented, is more at the center (Sans titre *(Drone 2)*, 2019 ; Sans titre *(Eroded grounds)*, 2019). Is this way of constructing the painting a declaration that it is man who has the object at his disposal, or, in contrast, does it state that "*the image of his body is the principle of every unity he perceives in objects. Now, he only perceives the unity on the outside, and in an anticipated manner. Because of this double relation that he has with himself, all the objects of his world are always structured around the wandering shadow of his own ego.*"[2]

To decide definitively on the question of the relation of the self to the objects is far from being a priority in Mejri's production: his intention is that the issue of the body-ego becomes exposed, and explodes in the depths of the "viewer", while the goal is that "*the option of doubt and suspicion towards the notion of man*"[3] finds all its legitimacy. But in fact, Who am I? Where does individuality begin? And where does it stop?

Even the face, which is supposed to bear the seal of the body's identity, is a frozen face in these paintings; it has no gaze, as evidenced by the empty globes and inexpressive appearance. It is simply offered to the scrutiny of the other. Perhaps it would be incorrect to speak here of a face. We find ourselves more before a skull, but what is a skull if not the trace of a face, and what is the trace if not the overcoming of erasure? And Mejri overuses the superposition, which is only a potential erasure. All in all, if there is a self or an object, it is through the "*restance*" (remnants) of the trace, to use Derrida's term.[4] Like the trace that represents nothing, like the trace that does not exist in itself, the skull in Mejri's paintings is often floating, it does not represent a face in particular, it does not even represent "faceness," it is content to hinder identification of the man, it is content to deconstruct the imago of the body.

The presence of the skull sometimes turns into an "obsessive metaphor", to quote Charles Mauron; it evokes what Lacan calls repetitive and meaningful insistence.[5] A signifier of such

2. Jacques Lacan, Seminar II, *The Ego in Freud's Theory and in the Technique of Psychoanalysis* (1954–55), ed. J.A. Miller; trans. S. Tomaselli (Cambridge: Cambridge University Press, 1988 [1978]), p. 166.

3. Interview, "Thameur Mejri, un artiste pluriel 'révolutionnaire' avant la révolution", *Le petit journal*, Tunis, updated on 11/14/2012.

4. Jacques Derrida, *Trace et Archive, Image et Art* (Paris: INA, 2002), p. 121.

5. Jacques Lacan, Seminar IV, *The Object Relation* (1956–57), ed. J.A. Miller, trans. A.R. Price (Cambridge: Polity, 2021).

2. LACAN, Jacques, *Le Séminaire II, Le moi dans la théorie de Freud et dans la technique de la psychanalyse*, (1954-1955), Paris, Le Seuil, 1978, pp. 198-199.

3. « Entretien-Thameur Mejri, un artiste pluriel "révolutionnaire" avant la révolution », *Le Petit Journal*, Tunis, mis à jour le 14 novembre 2012.

4. DERRIDA, Jacques, *Trace et archive, image et art*, Bry-sur-Marne, INA Éditions, 2002, p. 121.

5. LACAN, Jacques, *Le Séminaire IV, La relation d'objet* (1956-1957), Paris, le Seuil, 1994, p. 241.

dans les peintures de Mejri que les membres du corps humain? Ces peintures nous permettent-elles de revisiter la célèbre phrase de Wittgenstein : « Ne posez pas la question du sens, posez la question de l'usage », pour qu'elle s'exprime autrement : « Ne posez pas la question de l'identité du corps, posez la question de l'usage que le corps fait des objets. » Ces objets supposés être au service de l'homme sont généralement à la périphérie du tableau alors que le corps, aussi morcelé soit-il, est plus centré (Sans titre *(Drone 2)*, 2019 ; Sans titre *(Eroded grounds),* 2019). Cette manière de construire la peinture affirme-t-elle que c'est l'homme qui dispose de l'objet ou au contraire confirme-t-elle que « c'est l'image de son corps qui est le principe de toute unité que l'homme perçoit dans les objets. Or, de cette image même, il ne perçoit l'unité qu'au dehors, et d'une façon anticipée. Du fait de cette relation double qu'il a avec lui-même, c'est toujours autour de l'ombre errante de son propre moi que se structureront tous les objets de son monde[2] »?

Trancher de manière définitive sur la question de la relation du moi aux objets est loin d'être une priorité de l'œuvre de Mejri, son dessein est l'exposition du moi-corps et l'explosion au fin fond du « spect-acteur », son but est que « l'option du doute et du soupçon envers la notion de l'homme[3] » retrouve toute sa légitimité. Mais au fait, qui suis-je? Où commence l'individualité? Et où s'arrête-t-elle?

Même le visage, supposé porter le sceau de l'identité du corps, est sur ces peintures un visage figé; il ne porte aucun regard, en témoignent les globes vides et l'aspect inexpressif. Ce visage est juste offert au regard de l'autre. Peut-être serait-il abusif de parler ici de visage. On est plutôt face à un crâne, mais qu'est-ce qu'un crâne, si ce n'est la trace d'un visage, et qu'est-ce que la trace si ce n'est une survivance à l'effacement? Et Mejri d'abuser de la superposition qui n'est qu'un effacement en puissance. Somme toute, s'il y a du moi ou de l'objet, c'est par « restance[4] » de la trace comme le dit Derrida. Telle la trace qui ne représente rien, telle la trace qui n'existe pas en elle-même, le crâne dans les peintures de Mejri est souvent flottant, il ne représente pas un visage en particulier, il ne représente même pas la « visagéité », il se contente d'introduire un trouble dans l'identité de l'homme, il se contente de déconstruire l'image du corps.

La présence du crâne vire parfois à une « métaphore obsédante », pour citer Charles Mauron; elle évoque ce que Lacan nomme « insistance répétitive et significative[5] ». Un signifiant d'une telle insistance se trouverait du côté de la mémoire individuelle mais aussi de l'imaginaire collectif.

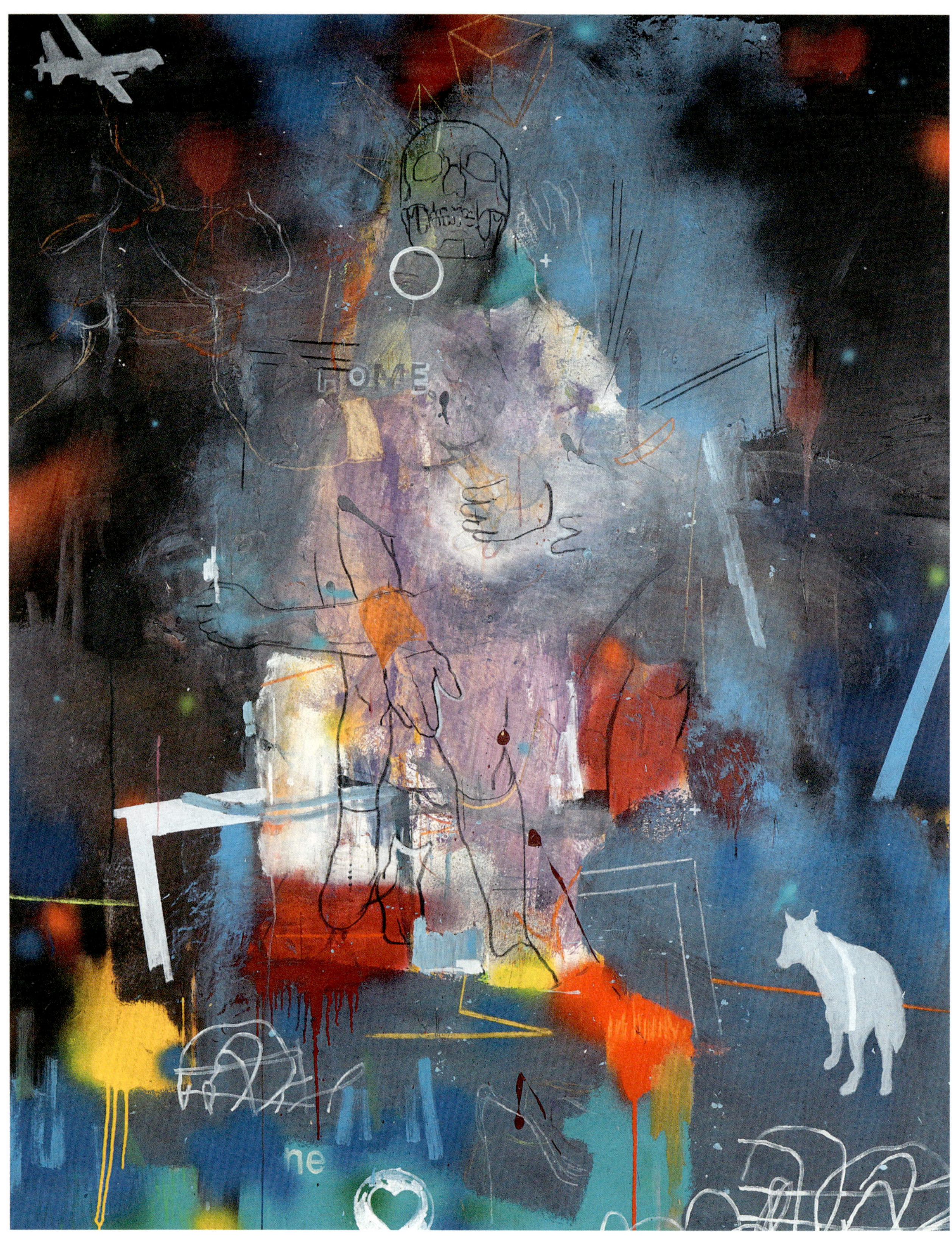

Untitled (*Drone 2*), 2019
Mixed media on canvas / Technique mixte sur toile
180 × 130 cm

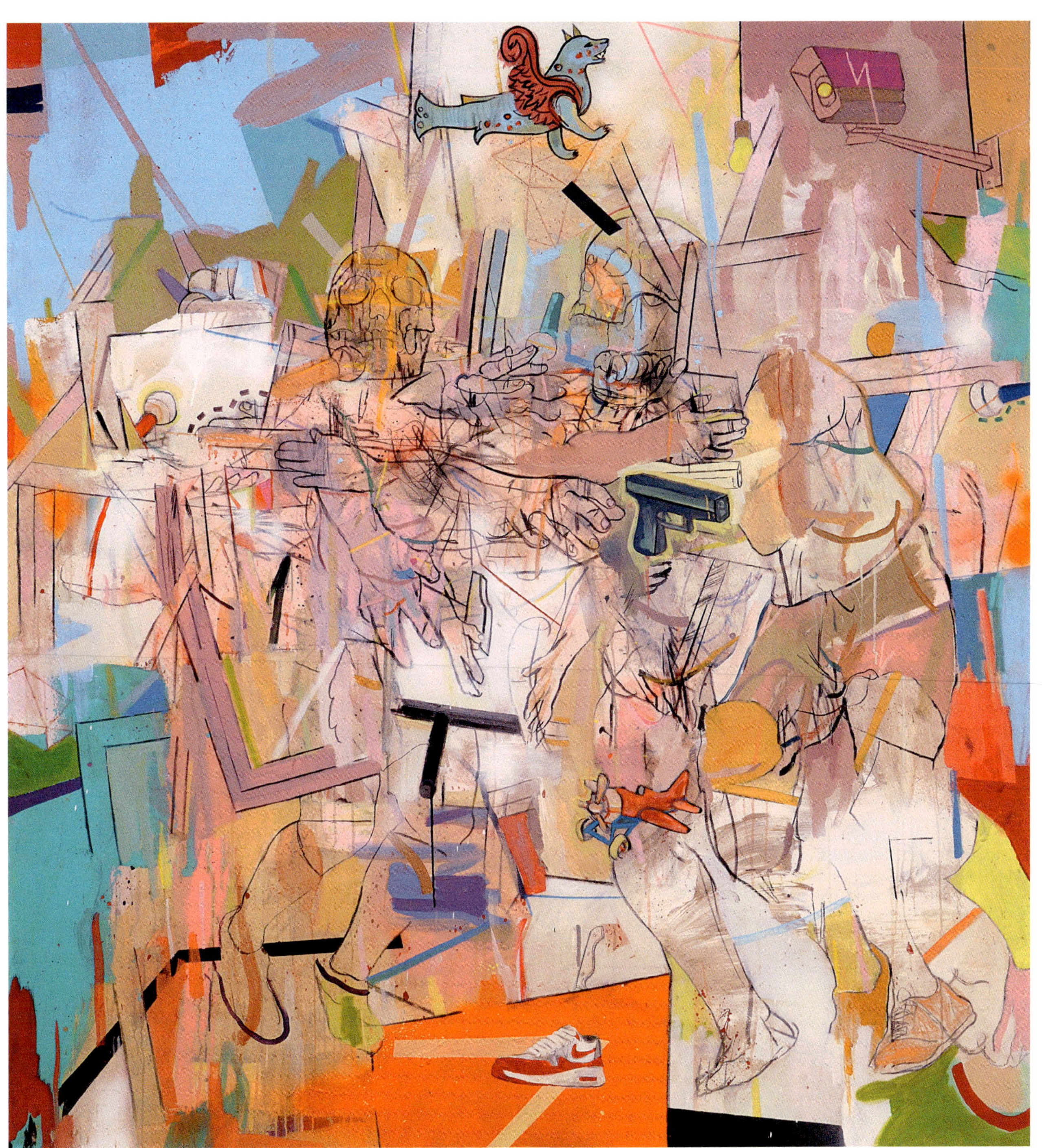

Untitled (*Eroded grounds*), 2018
Mixed media on canvas / Technique mixte sur toile
200 × 180 cm

insistence might be found in individual memory but also in collective imagination.

On an individual level, the painter relates this anecdote: "*I was in a dream, watching my uncle with the colors and paints. I thought he was a magician…I always wanted to go visit him to see the skull.*"[6] The skull is a trace of the artist's childhood, even a trace of the moment when he "decided" to become a painter, like his uncle. That this key moment is described as a dream, that the uncle in question is his uncle on his mother's side, that it was Mejri's mother who took him to the art studio, where his desire to be a painter emerged, links the life instinct to the death wish. Like the *Parcae* who preside over the birth of human beings, and who cut the thread of life at the moment decided by fate, Mejri's mother was the instigator of this privileged relationship to the skull, which, by signifying death, gives meaning to life, and marks the birth of the artist.

This image of childhood, fixed by the painter in the memory that he recounts to himself and to us, is revealed by drawings and coloring reminiscent of children's art, and what if these drawings were only reopening the wound of ontological absence in their attempt to re-present the imaginary body of the child? And to deceive the ontological, there is no better way than the metonymic, so if Mejri's paintings do not represent children's bodies, we might allow ourselves to be influenced by the redundancy of the footballs in some of his paintings as a signifier of the imaginary "game" and "I".

By shifting from the individual to the collective, we would agree to follow Mejri in what he calls a "*journey through our mortality and the fragility of our lives*,"[7] would these lives then be simple illusory *captations*[8] in which the skull, or even the skeleton (*The Walking Target*, 2020), plays hide-and-seek with the animated body, constantly reminding it that the cry of victory of the player who discovers the secret lair would be his last cry?

THE SYMBOLIC BODY

The Latin term "*symbolum*" refers to an ancient Greek tradition. It signifies an object that is cut in two, of which a host and guest each kept one half so as to recognize each other and to attest their bonds of hospitality. The human body in Mejri's painting is certainly susceptible to a symbolic approach but, breaking with the "*symbolum*" divided into two parts with

6. Alexandra Chaves, "He Who Asks Questions", 25 September 2017.

7. In *Tunisian Artist Thameur Mejri's Inevitable Journey*, 5 June 2018.

8. A Lacanian neologism indicating the imaginary effects of the specular image on the subject.

Sur le plan individuel, le peintre rapporte cette anecdote : « J'étais dans un rêve, regardant mon oncle avec les couleurs et les peintures. Je croyais qu'il était magicien… Je voulais toujours visiter son atelier afin de voir le crâne[6]. » Le crâne est une trace de l'enfance de l'artiste, voire une trace de l'instant où il a « décidé » de devenir peintre comme son oncle. Que cet instant clé soit décrit comme un rêve, que l'oncle en question soit l'oncle maternel, que c'est la maman de Mejri qui l'emmenait à cet atelier, lieu de l'émergence du désir d'être peintre, conjoint la pulsion de la vie à celle de la mort. À l'instar des Parques qui président à la naissance des humains, et qui coupent le fil de la vie au moment fatal décidé par le destin, la mère de Mejri est elle-même l'instigatrice de cette relation privilégiée au crâne qui, en signifiant la mort, donne sens à la vie et marque la naissance de l'artiste.

Cette image de l'enfance fixée par le peintre dans la mémoire qu'il se raconte, et qu'il nous raconte, se révèle à travers des dessins et un coloriage rappelant ceux des enfants. Et si ces dessins en tentant de représenter le corps imaginaire de l'enfant ne faisaient que rouvrir la plaie de l'absence ontologique ? Pour leurrer l'ontologique, il n'est mieux que le métonymique, aussi si les peintures de Mejri ne représentent pas de corps enfants, on pourrait se laisser imprégner par la redondance des ballons dans certains de ses tableaux comme un signifiant du « jeu » et du « je » imaginaires.

En glissant de l'individuel vers le collectif, on accepterait de suivre Mejri dans ce qu'il appelle un « voyage à travers notre mortalité et la fragilité de nos vies[7] », ces vies seraient-elles alors de simples captations illusoires[8] où le crâne, voire le squelette (*The Walking Target,* 2020), joue à cache-cache avec le corps animé, lui rappelant sans cesse que le cri de la victoire du joueur qui découvre l'antre secret serait son dernier cri ?

LE CORPS SYMBOLIQUE

Le terme latin *symbolum* évoque une ancienne tradition grecque. Il s'agit d'un objet coupé en deux dont les hôtes conservaient chacun une moitié afin de se reconnaître et de prouver leurs liens d'hospitalité. Le corps humain dans la peinture de Mejri est certes susceptible d'une approche symbolique, mais rompant avec le *symbolum* divisé en deux dans la perspective d'une jonction ultérieure, il est souvent un corps segmenté et fragmenté ; seuls certains de ses organes sont présents comme pour insister sur l'éclipse des autres composants, comme pour mettre en avant l'impossible accolement. Dans la peinture *Heretic spaces,* 2017, un

6. « *I was in a dream, watching my uncle with the colours and paints. I thought he was a magician… I always wanted to go visit him to see the skull.* ». Alexandra Chaves, « *He who asks questions* », 25 septembre 2017.

7. « *It is a journey through our mortality and the fragility of our lives.* » in « *Tunisian Artist Thameur Mejri's Inevitable Journey* » par Katrina Kufer, *Harper's Bazaar Arabia,* 5 juin 2018.

8. Un néologisme lacanien indiquant les effets imaginaires de l'image spéculaire sur le sujet.

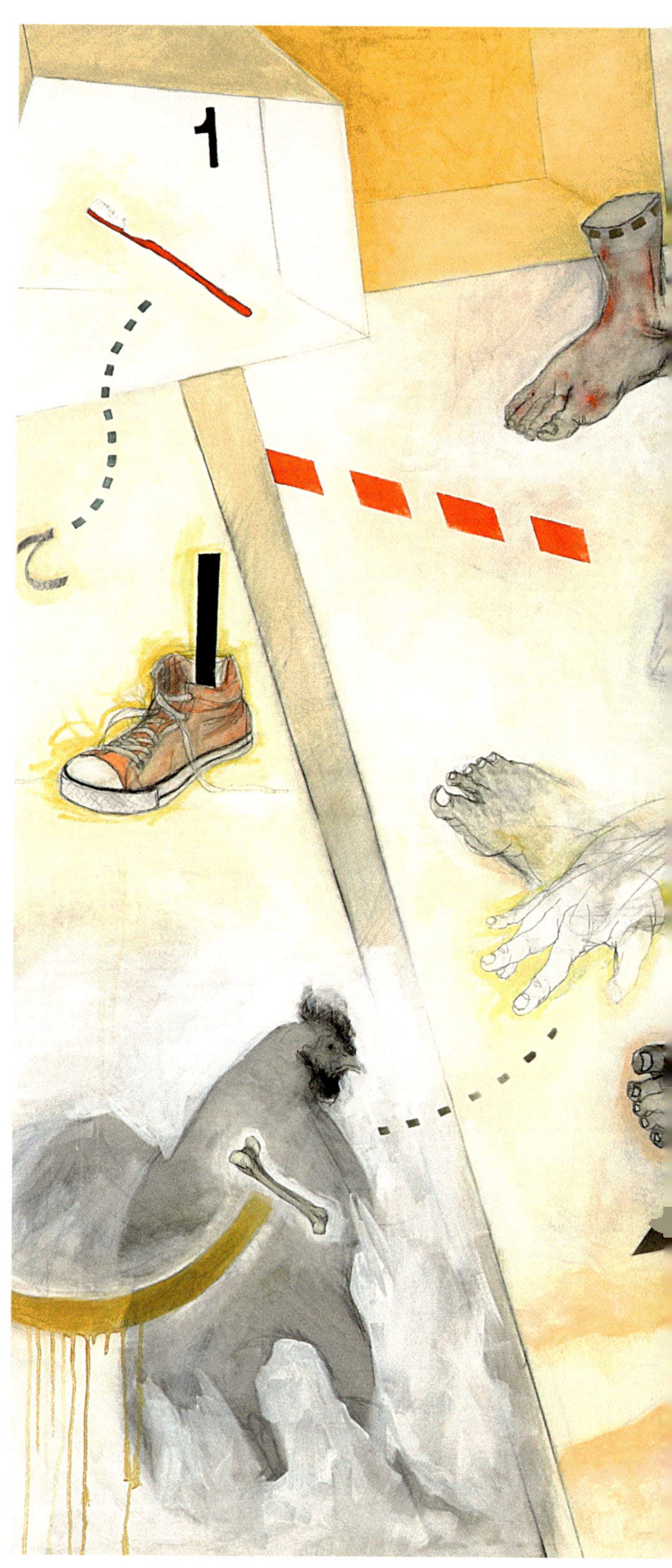

2 inches away from my tomb, 2012
Oil and pencil on canvas / Peinture à l'huile et crayon sur toile
150 × 200 cm

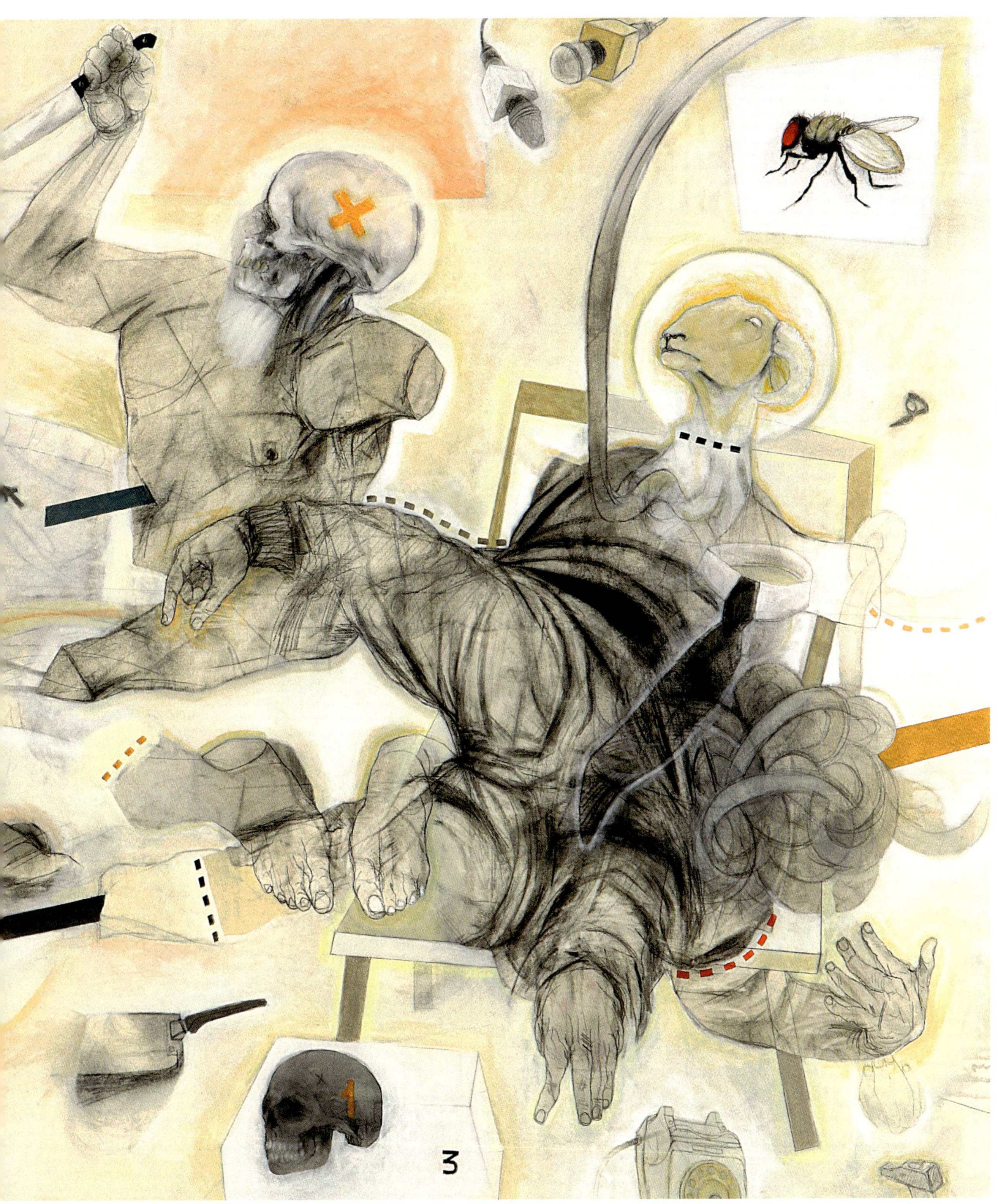

3

the expectation they would later be rejoined, it is often a segmented and fragmented body; only some of its organs are present, as if to insist on the concealment of the other components and as if to emphasize the impossibility of their union. In the painting *Heretic Spaces*, 2017, a deformed body carries in its extension the image of a grenade, emphasized by a play of forms and colors that are distinct from the body. We are once again confronted with a metonymic reference to the term "exploded body" in its double meaning: the aesthetic meaning and the material meaning; the bombs which explode the bodies into fragments are not far away, isn't the grenade a metonymy of them? But more than hinting at or insinuating war, the presence of barbed wire, gas masks, helicopters, tanks, flammable tanks and smoke (*Archeology of Powers*, 2020) opens a way to pictorial explicitness, whose culmination is verbal explicitness, with Mejri adopting the term "war" in the titles of some of his paintings: *War outside*, 2017, *Figures at war*, 2017, among others.

However, and although, by the scattered presence of its elements, it is war that most strongly asserts itself in the pictorial space, and because the painter names it explicitly, we witness a field of savagery and aggressiveness right across the work; Mejri's painting is, dare we say it, violent in its very poiesis.[9] The *"design with an incisive line"*,[10] *"the energetic application of the paint, creating a feeling of tense vibration"*,[11] the intertwining of the bodies and the confrontation of contrasting colors (orange/blue) are some of its manifestations.

Besides, and in a semiotic perspective, the animals that abound in Mejri's works might indicate what Freud calls a "tendency to aggression", expressing something that arises from man's animal nature. Mejri's animals are mostly found on the edge of the canvas, as if lurking or hidden, lying in wait for their prey. Nevertheless, this unconscious, cowering animality only generates violence as a phenomenon if it manifests itself in the social body. Several subjects have to encounter one another if the "malaise of civilization" is to rise up. In Mejri's artistic universe, the plastic confrontation occurs between mangled limbs which, having been dismembered by earlier violence, continue to manifest it even now (*The walking target*, 2020), and this under the passive gaze of two symmetrical and intact revolvers (*Figures at war 2*, 2017). As long as there are weapons...

In order to denounce it, Mejri questions violence under various facets. In another painting, the trunks of the bodies are

9. The process is, as Mejri says, "exhausting", in *Tunisian Artist Thameur Mejri's Inevitable Journey*, op. cit.

10. In *Walking Targets*, Matthieu Lelièvre refers to "line drawing, an incisive technical process."

11. *Tunisian Artist Thameur Mejri's Inevitable Journey*, op. cit.

corps difforme porte dans son prolongement une image de grenade, celle-ci est mise en évidence par un jeu de formes et de couleurs distincts du corps. On est encore une fois face à un repérage métonymique qui convoque le terme « corps éclaté » dans son acception double : l'acception esthétique et l'acception matérielle, les bombes qui explosent les corps en morceaux ne sont pas loin, la grenade n'en est-elle pas une métonymie ? Mais plus que de faire allusion à la guerre, plus que de l'insinuer, la présence des fils barbelés, des masques à gaz, des hélicoptères, des chars, des bidons inflammables et de la fumée (*Archeology of Powers*, 2020) ouvre une voie vers l'explicite pictural dont le point culminant est l'explicite verbal. Mejri adopte ainsi dans l'intitulé de certains de ses tableaux le terme de « guerre » : *War outside*, 2017, *Figures at war*, 2017...

Cependant, et si, par la présence éparse de ces éléments, c'est la guerre qui s'impose le plus dans l'espace pictural, si le peintre la nomme explicitement, nous découvrons, dans la totalité de son œuvre, un champ de sauvagerie et d'agressivité ; la peinture de Mejri est, osons le mot, violente dans sa poïétique même[9]. L'usage du « dessin au trait incisif[10] », « l'application énergique de la peinture, créant une sensation de vibration tendue[11] », l'entrecroisement des corps et la confrontation chromatique de couleurs contrastées (orangé et bleu) en sont quelques manifestations.

Par ailleurs, et dans une visée sémiotique, les animaux dont regorgent les œuvres de Mejri pourraient signaler ce que Freud nomme une « tendance à l'agression » traduisant quelque chose qui relève de l'animalité de l'homme. Ces animaux se retrouvent pour la plupart sur le bord de la toile, comme tapis ou cachés, guettant leur proie. Néanmoins, cette animalité inconsciente et blottie ne génère la violence comme phénomène que si elle se manifeste dans le corps social. Plusieurs sujets doivent se confronter pour que s'érige le « malaise dans la civilisation ». Dans l'univers artistique, la confrontation plastique a lieu entre des membres déchiquetés qui étant morcelés par la violence en amont continuent de la manifester en aval (*The Walking target*, 2020), et ce, sous le regard passible de deux revolvers symétriques quant à eux bien intacts (*Figures at war 2*, 2017). Tant qu'il y aura des armes...

Afin de la dénoncer, Mejri questionne la violence sous diverses facettes. Dans une autre peinture, les troncs corporels s'effacent et donnent l'impression de s'évaporer pour que ne persistent que mains et pieds majoritairement, et dents parfois (*Heretic spaces 3*, 2017). Car même un corps effacé continue de frapper,

9. Le processus est comme le dit Mejri « épuisant ». « *Tunisian Artist Thameur Mejri's Inevitable Journey* », *op. cit.*

10. Dans *Walking Targets*, Matthieu Lelièvre évoque « le dessin au trait, procédé technique incisif ».

11. « *Tunisian Artist Thameur Mejri's Inevitable Journey* », *op. cit.*

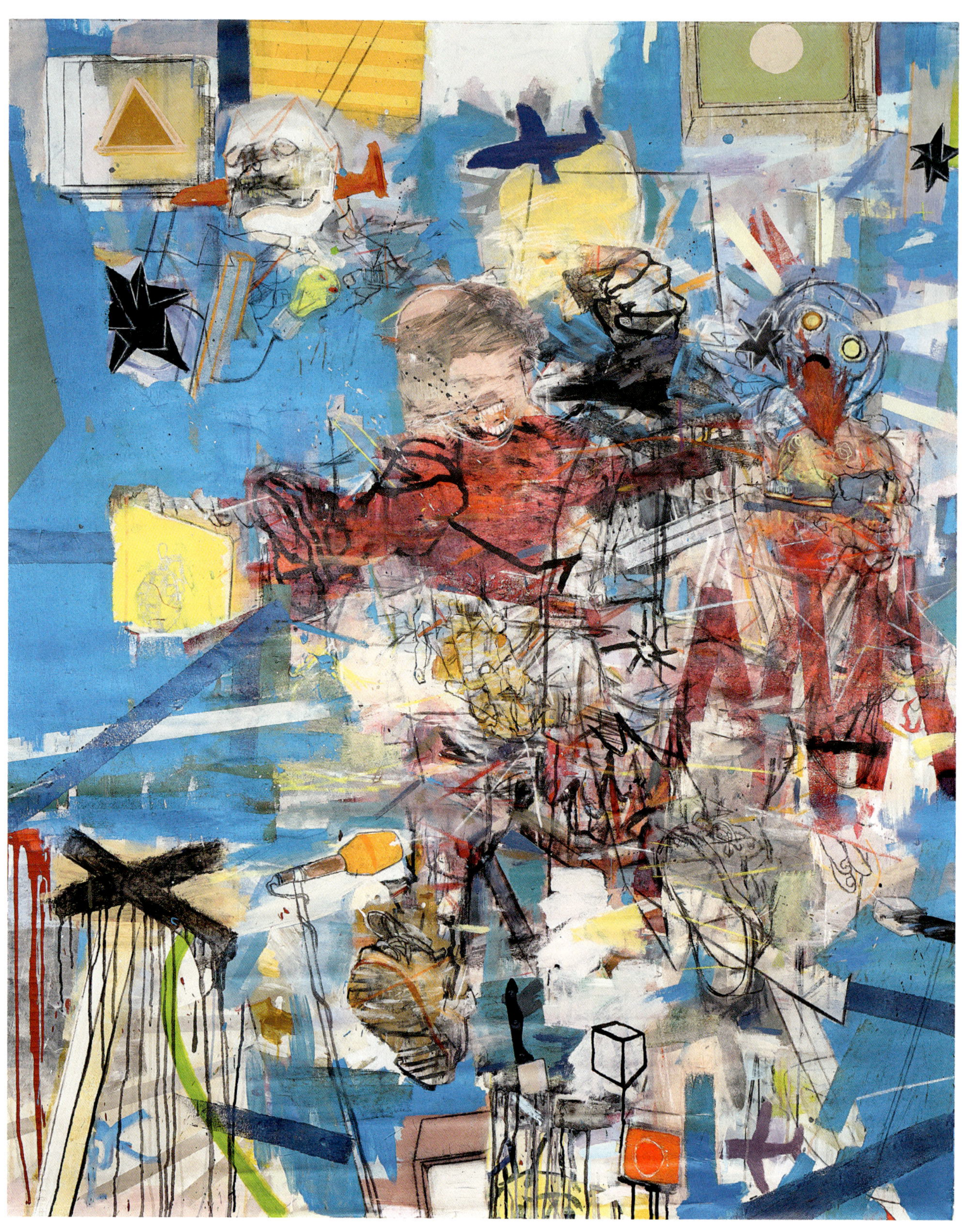

Heretic Space, 2017
Mixed media on canvas / Technique mixte sur toile
170 × 140 cm

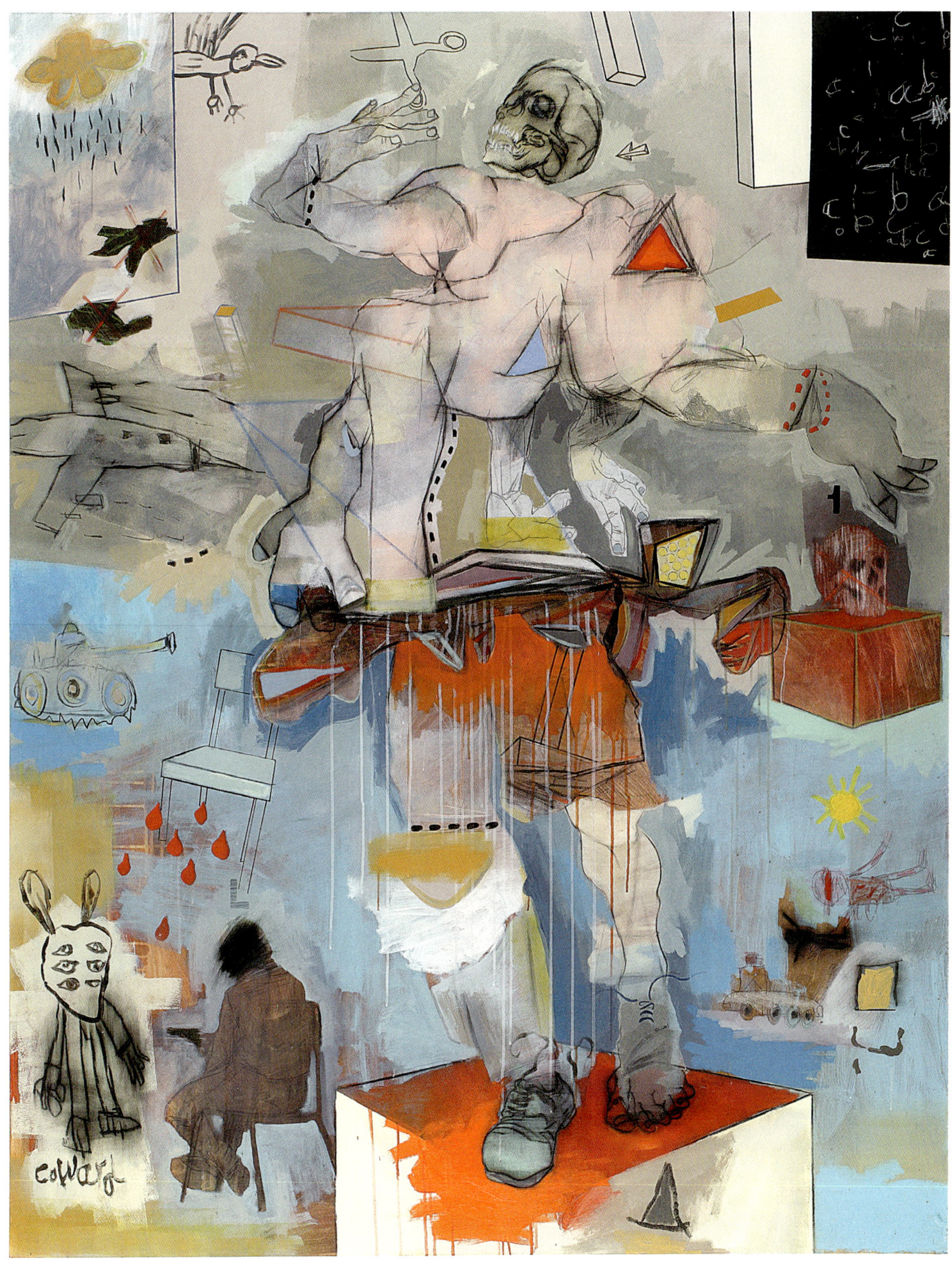

Untitled / Sans titre, 2014
Mixed media on canvas / Technique mixte sur toile
200 × 150 cm
Collection Sindika Dokolo Foundation, Luanda, Angola

erased and appear to evaporate, leaving only hands and feet visible, and sometimes teeth (*Heretic Spaces 3*, 2017), since even an erased body continues to strike, bite and brutalize. The impression is given that it is not so much the individual's body that uses violence, but rather the violence that uses the body. Consequently, the intent to annihilate the body of the other means the impulse to destroy ends up annihilating the body of all parties, including the body of the instigator. "An eye for an eye will end up making the whole world blind", said Gandhi. The work *Mobm*, 2008, says this implicitly by showing the eyes of the skull crossed out with an x, while the painting *In the middle of the monster*, 2020, explicitly features a monstrous hand attempting to gouge an eye out of the face/skull.

Mejri's painting installs chaos; in fact, it builds it. We find ourselves faced by objects that at first sight have no link (a chair, footballs, telephone, clothes-pin, hammer, scissors…). Entangled in an indecipherable mishmash, these objects could constitute a kind of rebus susceptible to different interpretations depending on the particularity of each painting, its title or context. This abundance of interpretative possibilities could be an endless exercise. But the important thing to remember is that this bric-a-brac requires a regulating principle. These manifestations of violence occur under the cold gaze of a recurring object: the camera. Playing the role of witness to chaos and violence, the camera anchors the ephemeral in memory. These mutilated bodies and scattered limbs and objects will not be lost to oblivion. Just a neutral look will ensure they are eternally remembered. And if this look is beyond good and evil, as Nietzsche would say, their articulation is not neutral. It will denounce this violence loud and clear. What better than a microphone to carry the voice that disapproves, questions and condemns. The microphones in Mejri's paintings resist even the evolution of his work. They are seen in works of 2011 (*Icons vs Obscurity* and *Ideology vs Icons*) and 2020 (*Deactivate*). Given the number of microphones and their proliferation, we might almost hear the voice of protest, a voice that carries far, and which, resonating and reasoning, defies time.

In denouncing violence as a component of social behavior, and denouncing its manifestation as war in all its forms, Mejri's painting sets itself up as a contestation of a pre-established order to which everyone should submit. It is subversive; it opposes the symbolic violence that two entities arrogate to themselves: the authority of the State and the authority of Religion. It is true

de mordre et de brutaliser. Il semblerait que ce n'est pas tant le corps de l'individu qui fait usage de la violence, c'est la violence qui, en réalité, en use. Aussi, en visant l'anéantissement du corps de l'autre la pulsion de destruction finit par anéantir le corps de tous y compris le corps du violent lui-même. « Œil pour œil, et tout le monde devient aveugle » disait Gandhi. L'œuvre *Mobm*, 2008, le dit implicitement en exhibant les yeux du crâne barrés d'un X, alors que la peinture *In the middle of the monster*, 2020, met en scène explicitement une main monstrueuse qui tente de crever l'œil du visage-crâne.

La peinture de Mejri installe le chaos ; en fait, elle le construit. Et on se retrouve face à des objets, voire des choses, qui n'ont à première vue aucun lien entre eux (chaise, ballon, téléphone, pince à linge, marteau, ciseaux...). Enchevêtrés dans un méli-mélo indéchiffrable, ces objets pourraient constituer une sorte de rébus susceptible d'interprétations différentes selon la particularité de chaque peinture, selon son titre ou son contexte. Et cette abondance interprétative risquerait d'être un exercice sans fin. Mais le plus important serait de rappeler qu'à ce bric-à-brac, il faut que s'érige un principe régulateur. En effet, ces manifestations violentes se déroulent sous le regard froid d'un objet récurrent : celui de la caméra. Jouant le rôle de témoin du chaos et de la violence, la caméra ancre l'éphémère dans la mémoire. Ces corps déchiquetés, ces membres éparpillés, ces objets disséminés ne seront pas engloutis par l'oubli. Un regard neutre porté sur eux les guidera aux portes de la réminiscence éternelle. Et si ce regard se situe « au-delà du bien et du mal », comme dirait Nietzche, la parole, elle, n'est pas neutre. Elle dénoncera haut et fort cette violence. Quoi de mieux qu'un micro pour assurer la portée de la voix qui désapprouve, interroge et condamne. Les micros dans les peintures de Mejri résistent même à l'évolution de son œuvre dans le temps. On les retrouve autant dans les peintures de 2011 (*Icons vs Obscurity*, et *Ideology vs Icons*) que dans les œuvres de 2020 (*Deactivate*). Au nombre des micros et à leur prolifération, on entendrait presque la voix contestatrice, une voix qui porte si loin, une voix qui, en résonnant et en raisonnant, défie le temps.

Si la peinture de Mejri dénonce la violence comme composante sociale, si elle dénonce sa manifestation particulière qu'est la guerre sous toutes ses formes, elle s'érige elle-même comme contestation d'un ordre préétabli auquel tout le monde devrait se soumettre : elle est subversive ; elle s'oppose à la violence symbolique que deux instances s'arrogent : l'instance de l'État et celle de la religion. Il est vrai que cet état de fait est commun à bon nombre

that this state of affairs is common to a good number of countries, but it cannot be denied that it is particularly prevalent *"in the region,"*[12] as Mejri says with great restraint. Persisting in his penchant for metonymy, Mejri illustrates state repression by showing a police kepi trying to impose itself in the center of the painting (*Ideology vs Icons*, 2011). The attempt is in vain as this kepi — which represents symbolic violence — is surrounded by microphones, and therefore by the voices that contest repression. Is it coincidence that this painting was exhibited in 2010, shortly before Tunisia's revolution in 2011, revolution being nothing more than the contestation of the autocratic regime by the social body? And is it a pictorial metaphor if the police are seen ten years later on the edge of another painting, and there is no need for metonymy in a space of freedom? The police car is represented with a naivete reminiscent of children's drawings (*Sick of being you 3*, 2020), the daily struggle and protest have finally tamed the violence of the system,[13] and the policeman no longer terrorizes the child, and even less the adult.

In 2009, almost at the same time that the violence of the Tunisian state was challenged, religious authority was being questioned. Having grown up in a society in which religion constitutes the sacred symbolic law, a barrier against all questioning, Mejri knows that any subversion must necessarily question religion and criticize its rigid and intolerant power. When state violence has been dismantled, what remains are the religious dogmas deeply anchored in the collective unconscious. And while Mejri says that, by deconstructing bodies, he is attempting to destroy these dogmas,[14] the series *Mâle (dieu) épouvantail* (Male (god) scarecrow, 2010, and especially the drawing *dieu* (god, 2009), goes further than the deconstruction of these bodies/dogmas. He confronts us with a pure and simple desacralization of the very idea of the god of religions. Not only the title of the painting *dieu* and the word shown in the painting are written in lower case, contrary to the use of the capital "D" sanctified by the followers of the Islamic religion, but the god of all religions, a symbol of masculinity par excellence, is shown as no more than a scarecrow. If he provokes terror, it is because of our ignorance and not because of absolute power. With a single stone, Mejri kills two birds: he vilifies patriarchy and religion, which are intimately linked; thus, sacredness, with all its connotations of grandeur, control and hegemony, is morphed into a power to castrate. In short, Mejri is claiming that the clergy do not worship a god, but an ancestral form of male domination symbolized by a phallus detached from its body. Worship of the phallus, which

12."I want to confront the chaos that exists in our contemporary societies, particularly in the region." In *Tunisian Artist Thameur Mejri's Inevitable Journey*, op. cit.

13. "We must fight and protest against this every day." In Anna Seaman, *Heretic Spaces: Thameur Mejri*, 19 September 2017.

14. Interview, "Thameur Mejri, un artiste pluriel 'révolutionnaire' avant la révolution," *op. cit.*

de pays, mais on ne peut nier qu'il sévit particulièrement « dans la région[12] » comme le dit Mejri avec beaucoup de retenue. Persistant dans son penchant vers la métonymie, Mejri désigne la répression de l'État par un képi de la police tentant de s'imposer au centre de la toile (*Ideology vs Icons*, 2011), tentative vaine car ce képi qui représente la violence symbolique est encerclé par les micros, et donc par les voix qui contestent la répression. Est-ce un pur hasard que cette toile soit exposée en 2010, peu de temps avant la révolution de 2011, révolution n'étant rien d'autre que contestation par le corps social du régime autocratique? Et est-ce une métaphore picturale filée si la police se retrouve dix ans après sur le bord d'une autre toile; et là, plus besoin de métonymie dans un espace de liberté. La voiture de la police est représentée par un dessin candide rappelant les dessins enfantins (*Sick of being you 3*, 2020), la lutte et la protestation de tous les jours ont fini par apprivoiser la violence du système[13]; le policier ne terrorise plus l'enfant, et encore moins l'adulte.

En 2009, presque à la même période où la violence du corps de l'État était récusée, le corps religieux était mis en doute. Issu d'une société où la religion constitue la loi symbolique sacrée, limite de toute remise en question, Mejri sait que la subversion se doit nécessairement d'interroger la religion et d'invectiver son pouvoir rigide et intolérant. La violence de l'État étant démantelée, reste celle des dogmes religieux plus ancrés dans l'inconscient collectif. Et si le peintre affirme qu'en déconstruisant les corps, l'artiste tente de détruire les dogmes[14], la série *Mâle (Dieu) épouvantail*, 2010, et notamment le dessin *dieu*, 2009, va plus loin que la déconstruction des corps et des dogmes. Nous sommes face à une désacralisation pure et simple de l'idée même du dieu des religions. Non seulement l'intitulé du tableau *dieu* et le terme apparaissant sur la peinture sont en minuscule, contrairement à l'usage du « d » majuscule consacré par les adeptes de la religion, mais le dieu des religions, symbole masculin par excellence ne serait qu'un épouvantail. S'il provoque la terreur, c'est à cause de l'ignorance des hommes et non à cause d'un quelconque pouvoir absolu. D'une pierre deux coups, Mejri vilipende le patriarcat et le religieux, intimement liés par ailleurs; ainsi, la sacralité avec toutes ses connotations de grandeur, d'emprise et d'hégémonie se mue en « castralité ». Les religieux n'adoreraient, somme toute, pas un dieu mais une domination masculine ancestrale symbolisée par le phallus détaché du corps. L'adoration du phallus ayant ses racines dans certains cultes anciens est tout simplement inimaginable pour un musulman. Cette idée serait tellement bouleversante pour la masse musulmane qu'à travers le tableau avec ses détails

12. « *I want to confront the chaos that exists in our contemporary societies, particularly in the region.* » in « *Tunisian Artist Thameur Mejri's inevitable journey* », *op. cit.*

13. « Nous devons lutter et protester contre cela chaque jour. » in Anna Seaman, « *Heretic Spaces: Thameur Mejri* », 19 septembre 2017.

14. « Entretien-Thameur Mejri, un artiste pluriel "révolutionnaire" avant la révolution », *op. cit.*

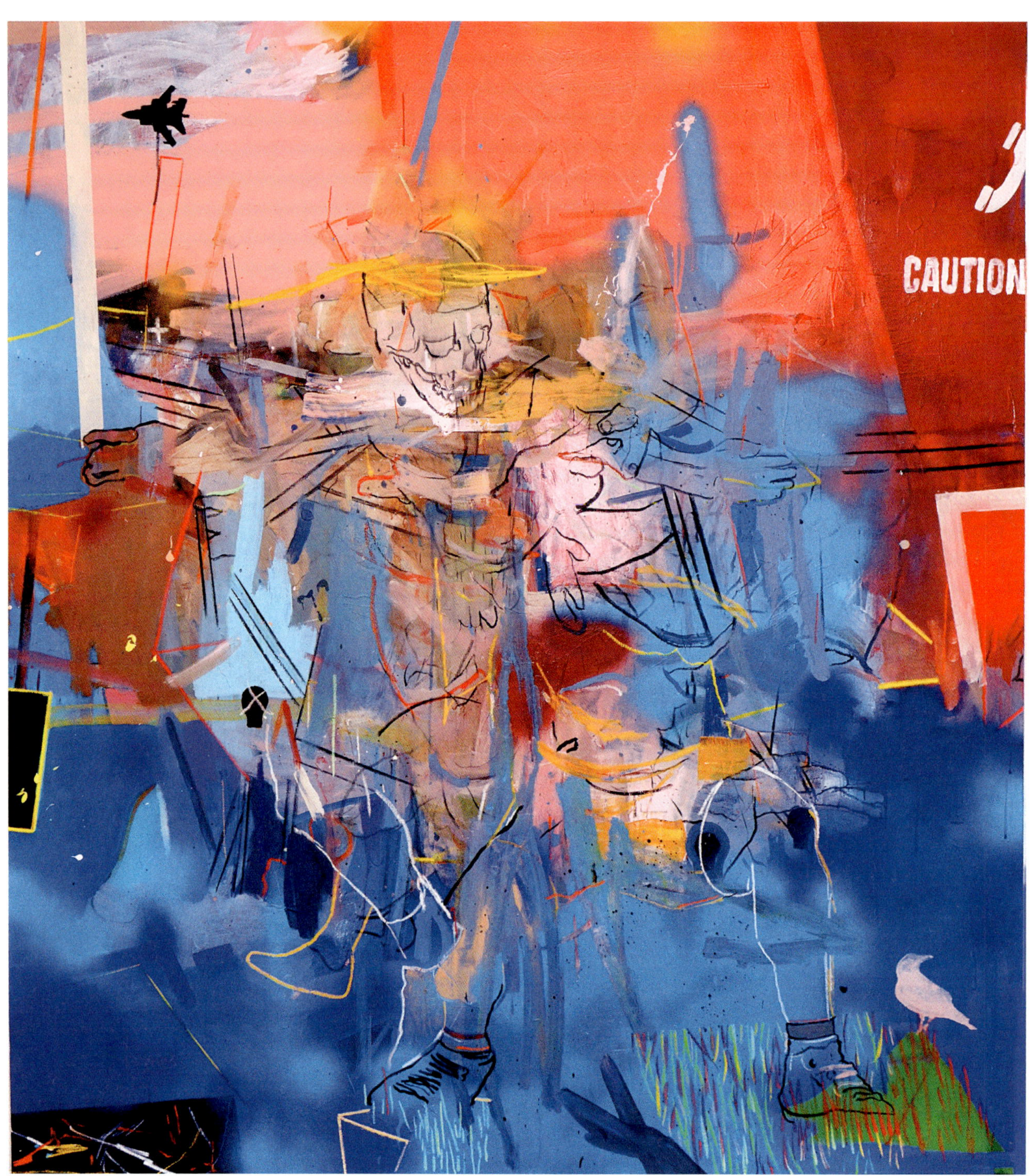

Untitled / Sans titre *(Prepare to know)*, 2019
Mixed media on canvas / Technique mixte sur toile
170 × 140 cm

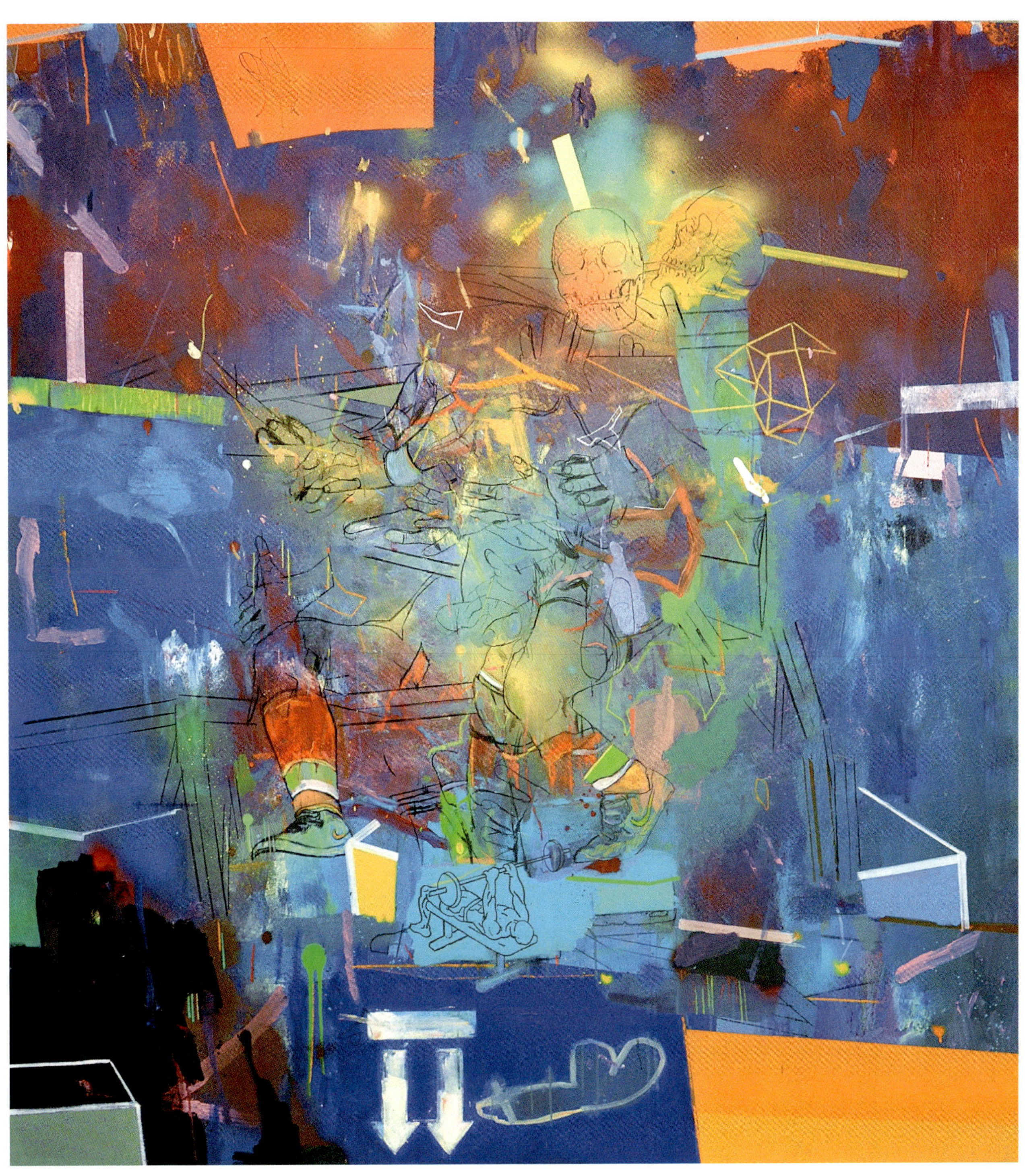

States of emergency 2, 2020
Acrylic, charcoal and oil stick on canvas / Acrylique, fusain et pastel sur toile
200 × 180 cm

has its roots in certain ancient cults, is simply unimaginable for a Muslim. This idea would be so upsetting to the Muslim mass that the painting, with its didactic details (the arrow and the labeling) seems to suggest that the artist is amused by the presumed impact of his work.

By undermining the political body and the religious body, Mejri's painting undermines the symbolic bodies of power. And although the accusation of heresy is a weapon that has been widely used throughout history against those who do not fall docilely into line, Thameur Mejri placed this heresy in the spotlight when he named one of his exhibitions "Heretic Spaces 2017." Fully aware that heresy is "something profoundly at odds with all that is generally accepted", he lays claim to it.[15]

THE REAL BODY

When it is posited that the symbolic body structures the subject, it is inferred that an intimate relationship exists between signifier and sexual identity. Whether this identity is binary, in accordance with the traditional approach to gender, or multiple, following the postmodern approach, we cannot ignore the fact that Thameur Mejri questions the male body. He admits it himself in some of his interviews,[16] but it is especially his paintings that say it. By showing the penis or its metaphors through forms reminiscent of it, by making the male body his sole object of representation, by walking on culturally "male" grounds, such as war and violence, we might say at first glance that Mejri is swimming in Freudian waters, and that by being unable to answer the question "What does a woman want?", he simply evades it...

We could simply choose, then, to end our analysis of the sexual body in Mejri's work. But to do so would only be a subterfuge, because, paradoxically, as soon as the signifier exists, the absence of the signifier emerges as an ineluctable possibility. In other words, the moment reference is made to masculinity, femininity appears as a possibility. And even if "woman does not exist," women and femininity do exist. It is true that Mejri depicts erect penises, but we must not forget that a phallus is not a penis. The phallus is not an anatomical reality, it is a symbolic reality around which the two sexes, men and women, are linked. And Mejri is not fooled: he has titled one of his paintings: "phallic symbolism." This symbolism designates a function that can only be reached through castration; so, do the broken lines around the penises in the painting suggest the "lack of being" inherent

15. Anna Seaman, *Heretic Spaces: Thameur Mejri*, op. cit.

16. "There are too many themes I want to explore: religious dogma, masculinity, violence." In *Tunisian Artist Thameur Mejri's Inevitable Journey*, op. cit.

didactiques (la flèche et l'étiquetage), on a presque l'impression de voir l'artiste s'amuser de l'impact présumé de son œuvre.

En ébranlant le corps politique et le corps religieux, la peinture de Mejri ébranle les corps symboliques du pouvoir. Et si accuser d'hérésie était une arme tant utilisée à travers l'histoire contre tous ceux qui étaient « hors champ », Thameur Mejri met cette hérésie en plein champ, il nomme l'une de ses expositions : *Heretic Spaces*, 2017. En étant conscient que l'hérésie est « quelque chose de profondément en contradiction avec ce qui est généralement accepté[15] », il la revendique.

LE CORPS RÉEL

Quand on pose que le corps symbolique structure le sujet, on infère une relation intime entre signifiant et identité sexuelle. Que cette identité soit binaire, selon l'approche traditionnelle, ou qu'elle soit multiple, selon l'approche du genre postmoderne, on ne peut ignorer que Thameur Mejri questionne le corps masculin. Il l'avoue lui-même dans certaines de ses interviews[16], mais ce sont surtout ses peintures qui le disent. En exhibant le pénis ou ses métaphores à travers des formes le rappelant, en faisant du seul corps masculin son objet de représentation, en cheminant sur des terrains culturel- lement « masculins », comme la guerre et la violence, on pourrait de prime abord dire que Mejri vogue sur des eaux freudiennes, et que, ne pouvant répondre à la question « que veut une femme ? », il l'élude... tout simplement.

On pourrait alors choisir de clore l'analyse du corps sexué chez Mejri. Mais ce choix ne serait qu'une tromperie car, parado- xalement, dès que le signifiant est, l'absence du signifiant émerge comme possibilité inéluctable. Autrement dit, dès que le masculin est nommé, le possible féminin apparaît. Et si « la femme n'existe pas », les femmes et le féminin existent bel et bien. Il est vrai que Mejri représente des pénis en érection, mais n'oublions pas que le phallus n'est pas le pénis. Le phallus n'est pas une réalité anato- mique, c'est une réalité symbolique autour de laquelle s'articulent les deux sexes, hommes et femmes. Et Mejri de ne pas être dupe en intitulant une de ses toiles : *Symbolisme phallique 2*, 2009. Ce symbolisme désigne une fonction à laquelle on ne peut accéder que par la castration, alors les lignes discontinues entourant les pénis disséminés dans ce tableau évoqueraient-elles un « manque à être » inhérent à nous tous ? Scandée par le signifiant qui nous structure en tant que corps-sujet, la ligne-limite ne peut être que discontinue. Et sur le tableau *dieu*, on voit que quelque chose est

15. « *Something profoundly at odds with all what is generally accepted* » in Anna Seaman, « *Heretic spaces: Thameur Mejri* », 19 septembre 2017, *op. cit.*

16. « *There are too many themes I want to explore: religious dogma, masculinity, violence.* », in « *Tunisian Artist Thameur Mejri's Inevitable Journey* », *op. cit.*

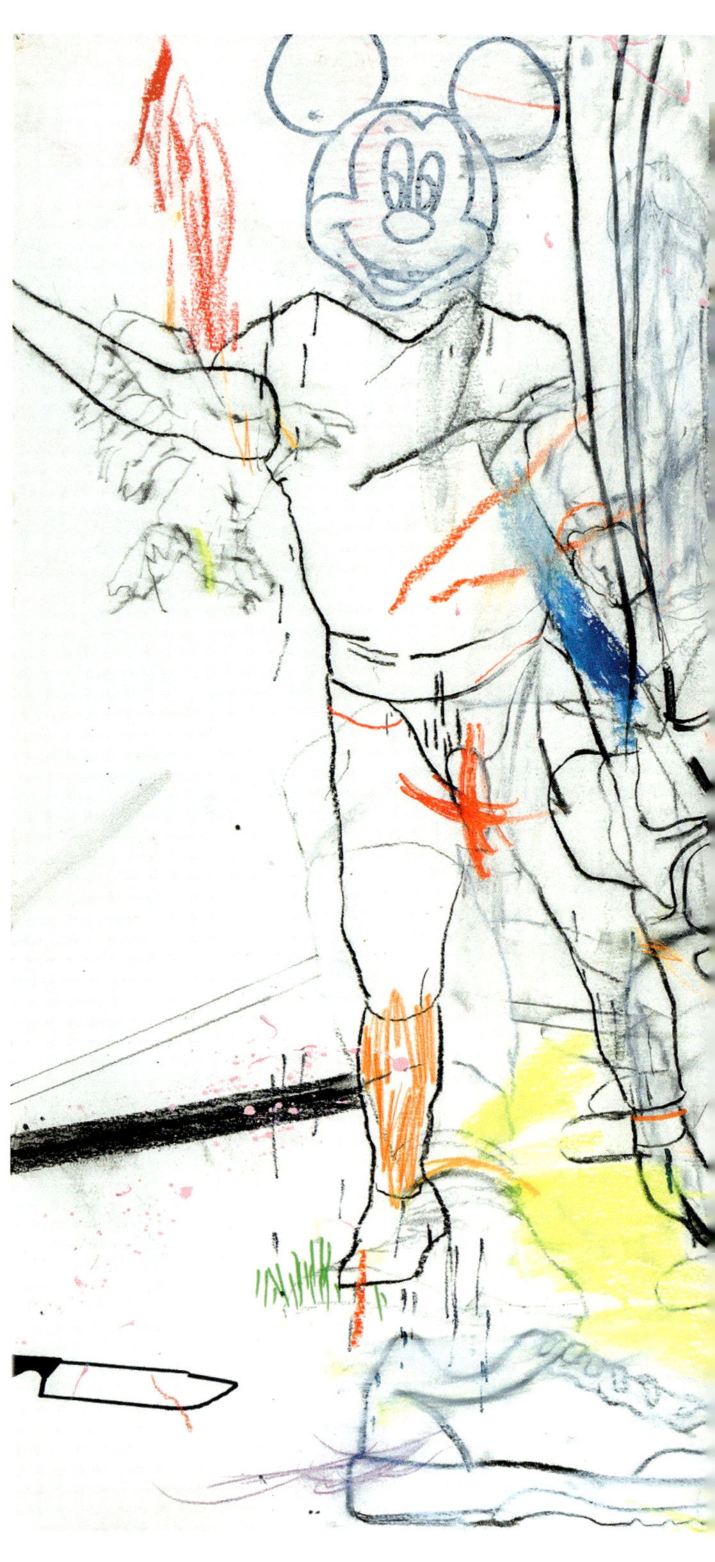

Sick of being you 3, 2020
Mixed media on grain paper / Technique mixte sur papier à grain
65 × 100 cm

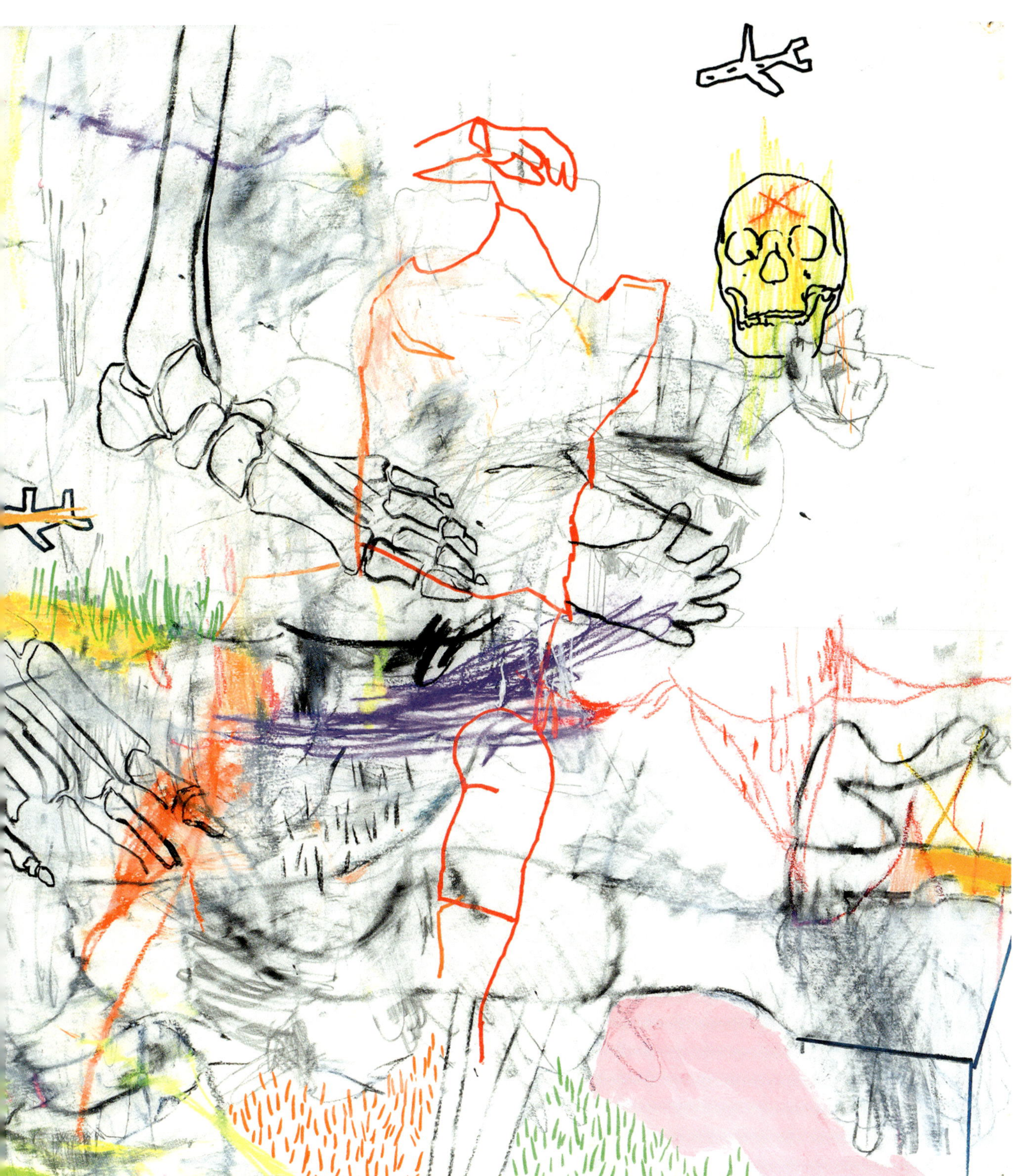

in us all? Given emphasis by the signifier that structures us as the "body as subject," the limit-line has to be broken. And in the painting *dieu*, we see that something has been torn from the body shown; it is the phallus visible lower down in the composition, remote from the mutilated body, but "resewn." For Man to accede to the language and civilization represented by the brain, we have to renounce the phallus. The phallus is the inaccessible horizon just as much to men as it is to women. And it is good to be reminded that *"the phallus as symbol has the function of becoming the signifier... of its possible lack."*[17]

The human being is split between body and language, hence our lack of being. The signifier tries to say the body, but it fails to say it in full. What remains, what is unnameable, what is unrepresentable, points to the Real. It would be absurd to say that Mejri's paintings represent the Real, but if we consider that Plato believed we are obliged to give a little being to nothingness, if only to speak about it, then we can unabashedly claim that Mejri's work points towards the Real, the unrepresentable.

The Real body is the impossible body, and for "impossible" to exist, there must first be "possible". For there to be real, there must be symbolic, for there to be silence, there must be a signifier. This is inescapable,[18] we are well and truly trapped, and so Mejri wants to shake up human perception: on the same plane he uses different perspectives, contrasting viewing angles and an abundance of colors. We are confronted by the unexpected at every turn. We see body parts, which by their presence stimulate all kinds of lacks, impressions, pseudo-identification and rejections. There are absences that we each fill in our own way, and paradoxically, it is by filling them that they become even more striking. The emergence of the real body is shown in full flow. The presence of objects surprised to find themselves in the same painting is not at all denotative, it is not necessarily the objects that are significant, it is that significance is related to the possibility that there is an object. The artistic composition awakens us to the "there is", and the pictorial *Dasein* opens up to the totality and the infinite.

Like Wittgenstein, who acknowledged that humans continually bang their heads against the walls of language, Mejri's paintings bang their heads against the edges of perceptive space. How can we escape this human condition that constitutes us as beings which, paradoxically, we cannot account for? The many screens and feet (both bare and well-shod) in certain

17. Bernard Penot, "Construction du féminin et symbolisation du phallus dans les deux sexes", in *Revue française de psychanalyse*, 2008/5 (Vol. 72), pp. 1497-1502.

18. *Tunisian Artist Thameur Mejri's Inevitable Journey*, op. cit.

arraché au corps représenté ; il s'agit du phallus que l'on retrouve plus bas, loin du corps mutilé, mais « recousu ». Afin que l'Homme accède au langage et à la civilisation représentés par le cerveau, il faut renoncer à avoir le phallus. Ce dernier est l'horizon inaccessible tant aux hommes qu'aux femmes. Et il est bon de rappeler que « le symbole phallus a vocation de devenir signifiant… de son manque possible[17] ».

L'être humain est clivé entre le corps et le langage, de là son manque à être. Le signifiant tente de dire le corps, mais il échoue à le dire en entier. Ce qui reste, ce qui est innommable, ce qui est irreprésentable pointe vers le réel. Nous serions en plein non-sens si nous osions dire que les peintures de Mejri représentent le réel ; mais si on se souvenait que Platon considérait que nous sommes dans l'obligation de donner un peu d'être au néant, ne serait-ce que pour en parler, on pourrait alors sans gêne aucune oser dire que l'œuvre de Mejri pointe vers le réel, vers l'irreprésentable.

Le corps réel est le corps impossible, et pour qu'il y ait impossible, il faut qu'il y ait d'abord du possible ; pour qu'il y ait du réel, il faut qu'il y ait du symbolique, pour qu'il y ait du silence, il faut qu'il y ait du signifiant. C'est incontournable[18], et on est bel et bien piégé, aussi Mejri veut-il bousculer la perception humaine, il utilise sur un même plan des perspectives différentes, des angles de vue antagonistes et une abondance de couleurs. Il y a de l'inattendu à tout bout de champ. Il y a des bribes de corps dont le spectateur est témoin, et qui, par leur présence, excitent toutes sortes de manques, d'impressions, de pseudo-identification et de rejets. Il y a de l'absence que chacun comble à sa manière et, paradoxalement, c'est en la comblant qu'elle se trouve encore plus marquée et marquante. On est en pleine irruption du corps réel. La présence d'objets qui sont eux-mêmes étonnés de se retrouver dans un même tableau n'est en rien dénotative, ce ne sont pas nécessairement les objets qui sont pertinents, la pertinence étant du côté de la possibilité qu'il y ait un objet. La composition artistique nous réveille au « il y a », et le *Dasein* pictural ouvre sur la totalité et l'infini.

Tel Wittgenstein qui avouait que les humains ne faisaient que se cogner la tête contre les murs du langage, les peintures de Mejri se cognent la tête contre les bords de l'espace perceptif. Car, comment fuir cette condition humaine qui nous fonde en êtres dont, paradoxalement, on ne peut rendre compte ? Le nombre récurrent d'écrans et de pieds (bien chaussés ou nus) présents sur certaines peintures est à ce niveau d'une justesse certaine. Les écrans eux rappelleraient l'impossibilité d'un contact direct avec la réalité,

17. PENOT, Bernard, « Construction du féminin et symbolisation du phallus dans les deux sexes », *Revue française de psychanalyse*, 2008/5 (Vol. 72), pp. 1497-1502.

18. « *Tunisian Artist Thameur Mejri's Inevitable Journey* », *op. cit.*

paintings are at this level certainly correct. The screens may suggest the impossibility of direct contact with reality, as all our perceptions are second-hand sources; as for the feet, they give a strange impression of wanting to leave the painting in a hurry (*States of emergency 2*; *Untitled [prepare to know]*). We are faced with an attempt at escape that is fated to be no more than just that. Like *"the painting (which) must flee to be stronger,"*[19] the specters of bodies flee to become stronger (or to have the illusion of it), not in order to succeed in their flight.

Mejri's work contains no organized, rational or conceivable meaning, and the painter abhors giving explanations.[20] Everything is played out at the level of the viewer's desire, who has no other choice than to assign the role and position of "alleged knowledge" to the paintings. And while there is chaos, some curators, such as Matthieu Lelièvre, do not hesitate to qualify it as a *"very constructed chaos of narrative fragments."* To be constructed, the chaos is very constructed, but the narration, on the other hand, opens onto a profusion of interpretative possibilities that affirm "it is never such". The most important thing is not to agree on a fixed meaning or to reach some kind of decision; the most important thing is what Mejri terms process and experience.[21] Meaning is not to be sought in what one can make the painting say, but in the cause of the desire to paint. This desire is assimilable to the Freudian unconscious, but it is especially assimilable to Lacan's "object *a*", an object that we find in the painting *dieu* but with a capital "A". Is this decision to use the capital letter a nod to the Lacanian notion of the *"grand Autre"* (big Other), in correlation with the notion of the god of the believers in the same painting, or is it an artistic reinterpretation of this psychoanalytical object to establish it as an object in the transition of the *"parlêtre"* (speaking-being) towards the *"peindrêtre"* (painting-being)?

The "object *a*" is what is missing, what cannot be symbolized; it opens onto the Real. And it is this that Mejri's paintings open onto. More than to answer an aesthetic need, more than to offer itself to political and social interpretations, even existential ones, more than to upset traditions and to mock what is prohibited, the paintings of Thameur Mejri do not question the body based on its relation to pleasure and displeasure. They do not evoke a masculine pleasure that might try to reduce them to objects so as to appropriate them, or as a means to soothe some form of tension. On the contrary, these paintings provoke tension, sharpen anguish and awaken uneasiness; they provide

19. Matthieu Lelièvre, in *Thameur Mejri, Eroded Grounds*, 25 February 2019.

20. "I don't give answers, on the contrary, I want people to ask questions, to feel uncomfortable, to get lost, to feel moved." In *Tunisian Artist Thameur Mejri's Inevitable Journey*, op. cit.

21. "I give more importance to the process of creation than to the final result because art is an experience." *Ibid.*

toutes nos perceptions étant des sources de seconde main ; quant aux pieds, ils donnent cette étrange impression de vouloir quitter le tableau à la hâte (*States of emergency 2*, 2020 ; Sans titre *(Prepare to know)*, 2019). Nous sommes face à une tentative de fuite qui est condamnée à n'être qu'une tentative. À l'instar de « la peinture [qui] doit fuir pour être plus forte[19] », les spectres de corps fuient pour être plus forts (ou en avoir l'illusion), et aucunement pour réussir leur fugue.

Dans la peinture de Mejri, point de sens organisé, rationnel ou concevable, le peintre abhorre les réponses[20] ; tout se joue au niveau du désir du spectateur qui n'a d'autre choix que de faire jouer aux tableaux le rôle et la position du « supposé savoir ». Et si chaos il y a, certains commissaires d'exposition, tel Matthieu Lelièvre, n'hésiteront pas à le qualifier de « chaos très construit de fragments de narration ». Pour être construit, le chaos est très construit, mais la narration, elle, ouvre sur un foisonnement de possibilités interprétatives qui confirment que « ce n'est jamais ça ». Le plus important n'est finalement pas de s'entendre sur une signification figée ou d'atteindre une résultante quelconque, le plus important c'est ce que Mejri nomme « processus et expérience[21] ». Le sens n'est pas à chercher du côté de ce qu'on peut faire dire à la peinture, mais du côté de la cause du désir de peindre. Ce désir est assimilable à l'inconscient freudien, mais il est surtout assimilable à « l'objet a » lacanien, objet qu'on retrouve sur la peinture *dieu* en grand « A ». Ce choix de la majuscule est-il un clin d'œil à la notion lacanienne du grand Autre, en corrélation avec la notion du dieu des croyants présente sur le même tableau, ou est-ce une relecture artistique de cet objet psychanalytique pour le fonder en tant qu'objet transitionnel du « parlêtre » vers le « peindrêtre » ?

L'« objet a » est ce qui manque, ce qui ne peut être symbolisé ; il ouvre sur le réel. Et c'est ce sur quoi les peintures de Mejri ouvrent. Plus que de répondre à un besoin esthétique, plus que de s'offrir à des lectures politiques et sociales, voire existentielles, plus que de bousculer les traditions et de se jouer de l'interdit, les peintures de Mejri ne questionnent pas le corps en fonction de sa relation au plaisir et au déplaisir. Elles n'évoquent pas un plaisir masculin qui tenterait de les réduire à un objet pour se les approprier ou à un moyen d'apaiser une tension quelconque. Au contraire, ces peintures provoquent la tension, aiguisent l'angoisse et éveillent le mal-être ; elles n'offrent aucune réponse intelligible ou rassurante, elles orientent vers une jouissance féminine qui, telle celle des mystiques, ne peut se dire. On l'éprouve, mais on n'en sait rien. Le corps est enfin révélé à une jouissance qui le fait radicalement

19 LELIÈVRE, Matthieu, « Thameur Mejri, Eroded grounds », 25 février 2019.

20. « *I don't give answers–on the contrary, I want people to ask questions, to feel uncomfortable, to get lost, to feel moved.* », « *Tunisian Artist Thameur Mejri's Inevitable Journey* », *op. cit.*

21. « *I give more importance to the process of creation than to the final result because art is an experience.* », *ibid.*

no intelligible or reassuring answers, they point towards a feminine pleasure which, like that of the mystics, cannot be said. We can experience it, but know nothing about it. The body is finally revealed to a type of enjoyment, which makes it radically *Other*, even for itself. We do not leave this journey through Mejri's works unscathed, but it is because of this, and perhaps thanks to this, that, when faced with this enjoyment of the body of the painting in connection with the enjoyment of the real body, we can only say "Encore!".

« Autre », même pour lui-même. On ne sort pas indemne de ce voyage à travers les œuvres de Mejri, mais c'est à cause de cela, et peut-être grâce à cela, qu'on ne peut, face à cette jouissance du corps de la peinture en corrélation avec la jouissance du corps réel, que clamer : encore...

Thameur Mejri: azimuthal painting

Olivier Rachet

Something has happened to the present — the present that Thameur Mejri describes in a painting of 2017 as having become obsolete. It is not only a question here of the planned obsolescence of technical objects, but of an ongoing process of unrealization. It might be said, paraphrasing Guy Debord, that what was really experienced has not only withdrawn into a representation, but has literally imploded, perhaps before our very eyes. A disintegration that continues to produce ravages that we remain unable to perceive. This event, which is both unthinkable and repetitive, can undoubtedly be categorized as tragic, but a tragedy that is seen less in the paroxysmal state of crisis than in the neurotic repetition of the eternal return announced by Nietzsche. We probably find ourselves here at the very heart of technical progress in its reasoned argumentation and in the *tous azimuts*[1] turmoil that it produces.

Let us dwell for a moment on the term 'azimuth', which might constitute an excellent means of introducing the work of Thameur Mejri. According to the *Dictionnaire historique de la langue française* (published by Le Robert), the word is derived from the Arabic *'as-samt*, meaning a "path" and a "point on the horizon," an alteration of which produced the word *zenith*. The term was first used in astronomy to designate "the angle formed by the vertical plane of a star and the meridian of the observer." The word then entered the lexicon of geography and artillery. We know the French expression *tous azimuts* (literally "all azimuths") has the meaning of an action that occurs "in all directions, by all means." The verb *azimuter* was first used by artillerymen and a person is said to be *azimuté* when they have been first "observed" and then "bombarded." Anyone who has lost control, or their head, will be *azimuté*! To me, Mejri is above all this artilleryman who observes a world that has lost its head and is strafing in all directions.

1. The French expression used (literally, "all azimuths") means "wholesale", "all-out", "wide-ranging". The following paragraph discusses the term azimuth.

Thameur Mejri : la peinture azimutée

Olivier Rachet

Il est arrivé quelque chose au présent. Ce présent que Thameur Mejri décrit dans une toile de 2017 comme étant devenu obsolète. Il n'est pas seulement question ici d'obsolescence programmée des objets techniques mais d'un processus d'irréalisation en cours. On pourrait dire, en paraphrasant Guy Debord, que ce qui était réellement vécu ne s'est pas seulement éloigné dans une représentation, mais a littéralement implosé ; peut-être même sous nos yeux. Une désintégration qui continue de produire ses ravages que l'on reste incapable de percevoir. Cet événement relève à la fois de l'impensable et de la répétition. Il appartient sans nul doute à la catégorie du tragique, mais un tragique qui se donnerait à voir dans la répétition névrotique de cet éternel retour diagnostiqué par Nietzsche. Sans doute nous trouvons-nous ici au cœur même de la technique, dans l'arraisonnement qui est le sien et dans l'effet d'affolement tous azimuts qu'elle produit.

Arrêtons-nous un instant sur ce terme d'*azimut* qui pourrait constituer une excellente entrée en matière pour présenter le travail de Thameur Mejri. Le mot, nous dit le *Dictionnaire historique de la langue française* (Le Robert), est un emprunt à l'arabe *'as-samt* désignant un « chemin » et un « point de l'horizon » dont une altération a produit *zénith.* Le terme a d'abord été utilisé en astronomie pour désigner « l'angle formé par le plan vertical d'un astre et le méridien de l'observateur ». Le mot est alors passé dans le lexique de la géographie et celui de l'artillerie. On connaît l'expression *tous azimuts* qui a le sens d'une action allant « dans toutes les directions, par tous les moyens ». Le verbe *azimuter* a d'abord été utilisé par les artilleurs et l'on dit d'une personne qu'elle est *azimutée* pour avoir été « observée », puis « bombardée ». Qui a perdu la boussole, le nord ou le sud, la tête, sera azimuté ! Le peintre est d'abord pour moi cet artilleur qui observe un monde ayant perdu la boule et qui mitraille dans tous les sens.

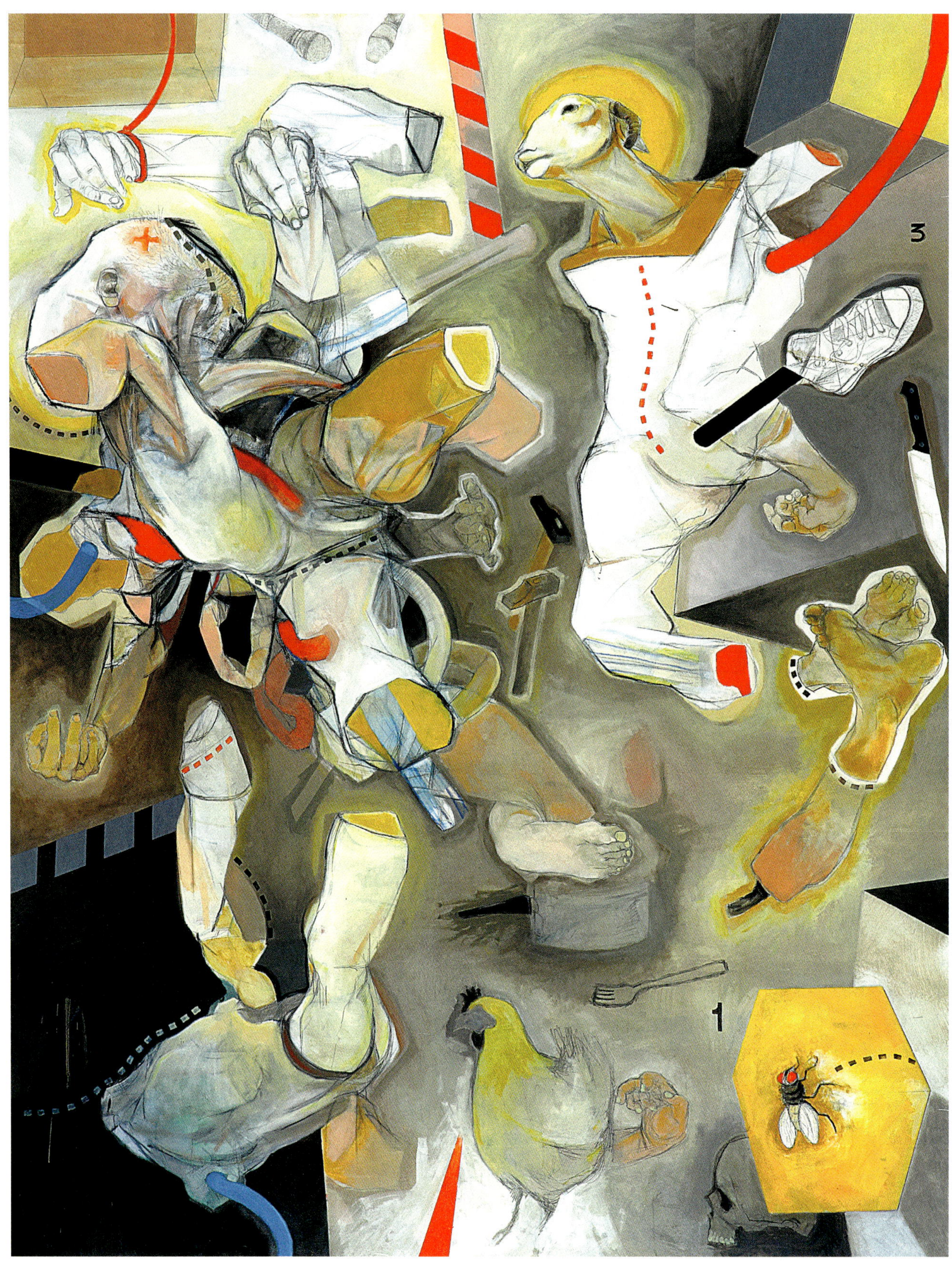

Isolation, 2012
Oil on canvas / Huile sur toile
200 × 150 cm

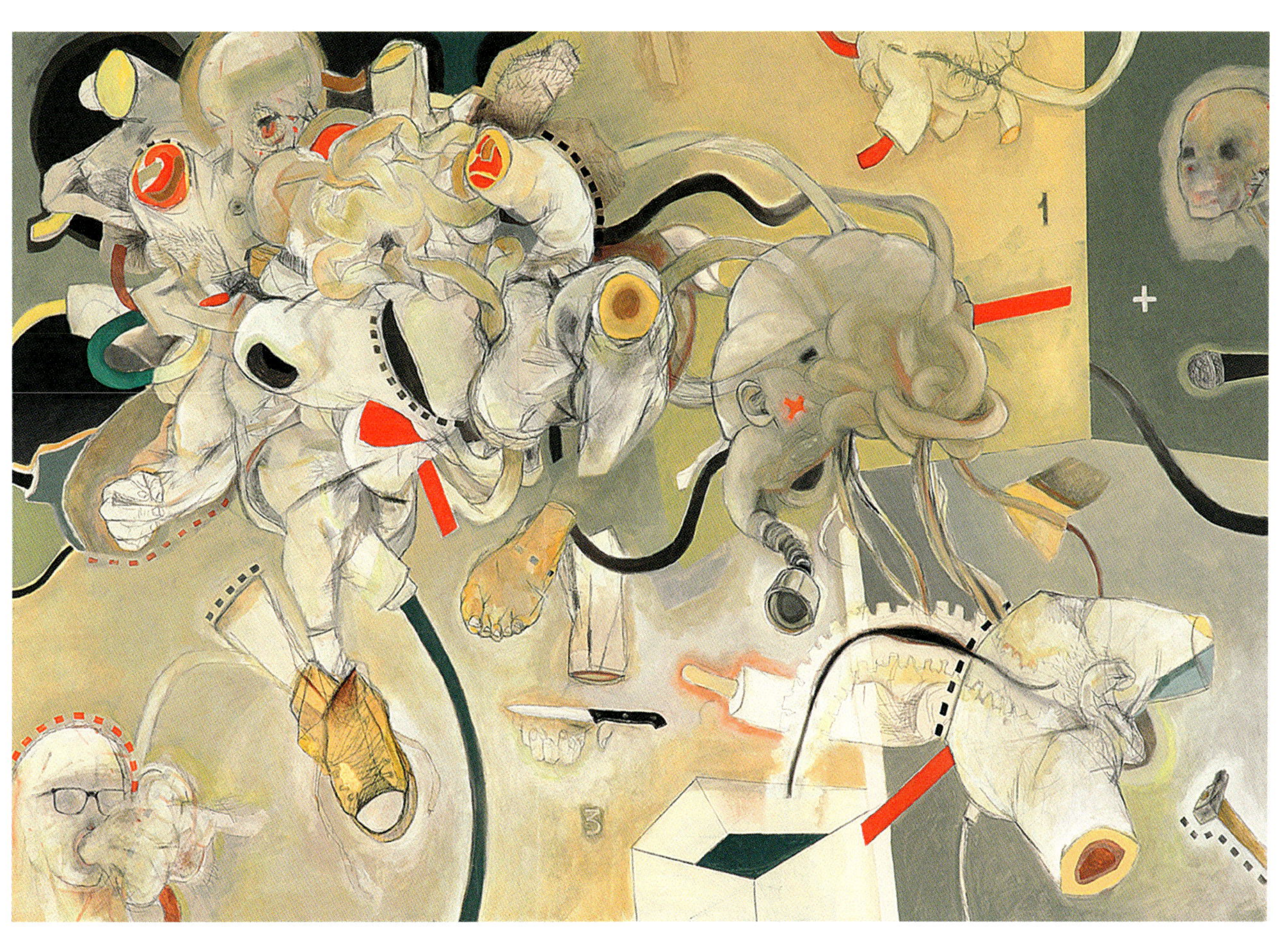

Blood smeared nude woman, 2011
Acrylic, charcoal and oil stick on canvas / Acrylique, fusain et pastels sur toile
130 × 180 cm
Collection Musée d'art contemporain africain Al Maaden (MACAAL), Marrakesh, Morocco / Marrakech, Maroc

UNREALIZED DEATH

Can we date the origin of this ongoing de-realization of the present? For convenience, perhaps, we could say September 11, 2001, with the collapse of the World Trade Center towers, and March 20, 2003, corresponding to the second invasion of Iraq by the United States and its allies. Thameur Mejri was then a student at the Fine Arts Institute in Tunis and was beginning to build his personal vision of art: what we were witnessing, he said, "is the collapse of the ideal and the Western model." Two wests then appeared: "the one of philosophy, art and technological progress, and this desire to destroy and bomb others," he commented. It is not only war and death that are broadcast live in every home — and Mejri knows better than most the extent to which the Qatari television channel Al Jazeera has in the end only perpetuated the American discourse of propaganda, using a similar register in the representation of violence that has today culminated in the Hollywood mastery seen in Islamist propaganda — it is death itself that has been de-realized. Perhaps one day it will be explained that the global panic caused by the Covid-19 epidemic was only the result of this phenomenon of unrealization?

If the present no longer exists, it is because images have absorbed it all, and even annihilated it. This state of the world should be of interest to any artist worthy of the name. In the looped repetition of the collapse of the Twin Towers, we should be able to perceive something that resembles an act of sorcery. A fetishistic incantation, an attempt at a generalized spell. While religion was once "the opium of the people," images have become both our soft and hard drug, cocaine administered in small but continuous doses, with a justification that can be stretched even as far as being therapeutic. A bit like Veronika Voss in Fassbinder's film of the same name, who is given opiates in exchange for a contract with death. Hasn't every viewer today, that is to say every internet user, unknowingly made a pact with the devil? I offer you immortality, that is to say the impossibility of death, in exchange for your addiction to images. Thameur was given this soft drug at an early age by his father. From the age of five, after a ritual visit to the hairdresser, he accompanied his two sons to the cinema to see men's films. Real, tough ones! *Terminator*, *Predator*, *Rocky*, *Rambo*, *Jaws*: "It was as if my father had introduced us to violence and masculinity." It was an experience not without trauma, no doubt, but a very profane way of perpetuating the learning of the male violence so specific to the

LA MORT IRRÉALISÉE

Peut-on dater l'origine de cette déréalisation toujours en cours du présent ? Par facilité peut-être, on pourrait évoquer le 11 septembre 2001 avec l'effondrement des tours du World Trade Center et le 20 mars 2003 correspondant à la seconde invasion de l'Irak par les États-Unis et leurs alliés. Thameur Mejri est alors étudiant aux Beaux-Arts de Tunis et commence à construire sa vision personnelle de l'art : « c'est l'effondrement de l'idéal et du modèle occidental » auquel on assiste, selon lui. Deux occidents se font alors jour, « celui de la philosophie, de l'art et du progrès technologique, et aussi cette envie de détruire et de bombarder l'autre », commente-t-il. Ce n'est plus seulement la guerre et la mort qui s'invitent en direct dans chaque foyer – et l'artiste sait mieux que d'autres combien la chaîne de télévision qatarienne Al Jazeera n'a fait au final que perpétuer le discours propagandiste américain, en usant d'un registre similaire dans la représentation de la violence qui culmine désormais dans la maîtrise toute hollywoodienne de la propagande islamiste –, mais c'est la mort elle-même qui a été déréalisée. Peut-être expliquera-t-on un jour que l'état de panique mondial causé par l'épidémie de la Covid-19 n'était que la résultante de ce phénomène d'irréalisation ?

Si le présent n'est plus, c'est bien que l'image a tout absorbé, voire anéanti. Et cet état du monde devrait commencer par intéresser tout artiste digne de ce nom. Dans la répétition en boucle de l'effondrement des tours jumelles, il faudrait arriver à percevoir quelque chose qui relèverait d'un acte de sorcellerie. Une incantation fétichiste, une tentative d'envoûtement généralisé. Si la religion fut un temps « l'opium du peuple », l'image est devenue notre drogue douce et dure à la fois. Une cocaïne administrée à petites doses continues, avec une justification pouvant aller jusqu'à la thérapeutique. Un peu à la façon dont Veronika Voss, héroïne éponyme du film de Fassbinder, *Le Secret de Veronika Voss*, se voit administrer des calmants en échange d'un contrat avec la mort. Tout spectateur aujourd'hui, c'est-à-dire tout internaute, n'a-t-il pas sans le savoir passé un pacte avec le diable ? Je t'offre l'immortalité, c'est-à-dire l'impossibilité même de la mort, en échange de ton addiction aux images. Cette drogue douce, Thameur se l'est vu administrer dès sa plus tendre enfance par son père. Dès l'âge de cinq ans, après un passage rituel chez le coiffeur, celui-ci accompagnait ses deux fils au cinéma pour aller voir des films d'hommes. Des purs et des durs, des vrais ! *Terminator, Predator, Rocky, Rambo, Les Dents de la mer* : « C'est comme si mon père nous avait initiés à la violence et à la masculinité. » Une épreuve non dépourvue de

land of Islam. A man who has not slit the throat of a sheep during the feast of Eid-al-Adha is not a real man! One of Mejri's paintings is emblematic of this patriarchal relationship that illustrates all the power relations structuring Tunisian society and Arab-Muslim societies in general. Dedicated to the prophet Abraham, *Untitled (Let the symptoms increase)* confronts the viewer with a signage pictogram with a sheep at its center. In the distance, a conspicuous knife is brandished by a skeletal figure, a way of deflecting the sacred dimension of the ritual, and putting the sacrificial violence it results in back in the foreground. Death in action.

CAPSIZING SPACES

How are we to respond to this enchantment by images, how are we to disobey the duty or morality that are always symbolized in representations, other than by an equally powerful act of black magic or evocative witchcraft? From the cave paintings at Lascaux to the abstract expressionism of Jackson Pollock, the painter has always been a kind of shaman or sorcerer's apprentice whose hand-to-hand combat with the surface of representation — whether cave wall, masonry wall, or canvas — most often resembles a magical rite. From one sacrifice to another. The painter confronts physically and in color these incubi and succubi of representation, and in this case, for Thameur Mejri, it is the very images of ritualized violence, both profane and sacred, that must be kept at bay. Sublimation, perhaps, but with the rules of the bullfighting ritual. Color here is a prime ally. The painter begins by "breaking and profaning the anguishing whiteness of the canvas." Often, flat areas of red spill their blood, as seen in a series titled *How Do I Self Destruct?*, in which we do not know if the violence is turned against oneself or the society that produces it. When it does not invade the canvas, the color continues to explode in jolts, like so many shocks of a violence that one might think was original, as well as being reminiscent of the dripping favored by Pollock and Cy Twombly. Sometimes, a form begins to move or arises from a puddle of water or blood: these are seismic waves, flames that herald a fire, or radiation. Destruction is taking place. Its damage, which we now call collateral damage, continues to be felt. Color is a sounding board or a recording box that captures the destructive impulses at work in a world more apocalyptic than ever.

But as with Bacon, the other painter for whom Thameur Mejri has unfeigned admiration, the violence is encompassed

traumatisme, sans doute, mais une façon toute profane de perpétuer aussi cet apprentissage de la violence masculine si spécifique en terre d'islam. Qui n'a pas égorgé un jour un mouton, lors de la fête de l'Aïd al-Adha, n'est pas vraiment un homme! Une toile est emblématique de cette relation patriarcale qui dessine tous les rapports de force structurant la société tunisienne et les sociétés arabo-musulmanes en général. Consacrée au prophète Abraham, Sans titre *(Let the symptoms increase)* confronte le spectateur à un pictogramme de signalisation dans lequel est enserré un mouton. Au loin, se détache un couteau brandi par une figure squelettique ; façon de détourner la dimension sacrée du rituel pour remettre la violence sacrificielle qu'elle induit au premier plan. La mort en acte.

DES ESPACES QUI CHAVIRENT

Comment répondre à cet envoûtement par les images, comment désobéir en somme au devoir ou à la morale qui s'incarnent toujours en des représentations, autrement que par un acte tout aussi puissant de magie noire ou de sorcellerie évocatoire ? Des peintures rupestres de Lascaux à l'expressionnisme abstrait de Jackson Pollock, le peintre a toujours été une sorte de chamane ou d'apprenti sorcier dont le corps-à-corps avec la surface de représentation – paroi de grotte, mur, toile – s'apparente le plus souvent à un rituel conjuratoire. D'un sacrifice à l'autre. Le peintre affronte dans sa chair et dans la couleur ces incubes et succubes de la représentation, et en l'occurrence pour Thameur Mejri, ce sont les images mêmes de la violence ritualisée, aussi bien profanes que sacrées, qu'il s'agit de maintenir à distance. Sublimation, peut-être, mais avec les règles du rituel tauromachique. La couleur est ici une alliée de choix. Le peintre entend tout d'abord commencer par « briser et profaner la blancheur angoissante de la toile ». Souvent, des aplats de couleur rouge déversent leur sang comme dans une série intitulée *How do I self destruct* où l'on ne sait si la violence est retournée contre soi ou la société qui la produit. Lorsqu'elle n'envahit pas la toile, la couleur continue d'exploser par secousses, comme autant de répliques d'une violence qu'on pourrait croire originelle. Souvenir du *dripping* cher à Pollock ou à Cy Twombly. Parfois, une forme se met en mouvement ou s'écrit à partir d'une flaque d'eau ou de sang : ce sont des ondes sismiques, des flammes annonçant un début d'incendie, des radiations. Une destruction est en cours. Ses dommages que l'on appelle désormais collatéraux ne cessent de se faire ressentir. La couleur est une caisse de résonance ou un boîtier d'enregistrement qui capte les pulsions de destruction à l'œuvre dans un monde plus apocalyptique que jamais.

I dreamed about Picasso nearly every night this week, 2013
Oil on canvas / Huile sur toile
180 × 130 cm

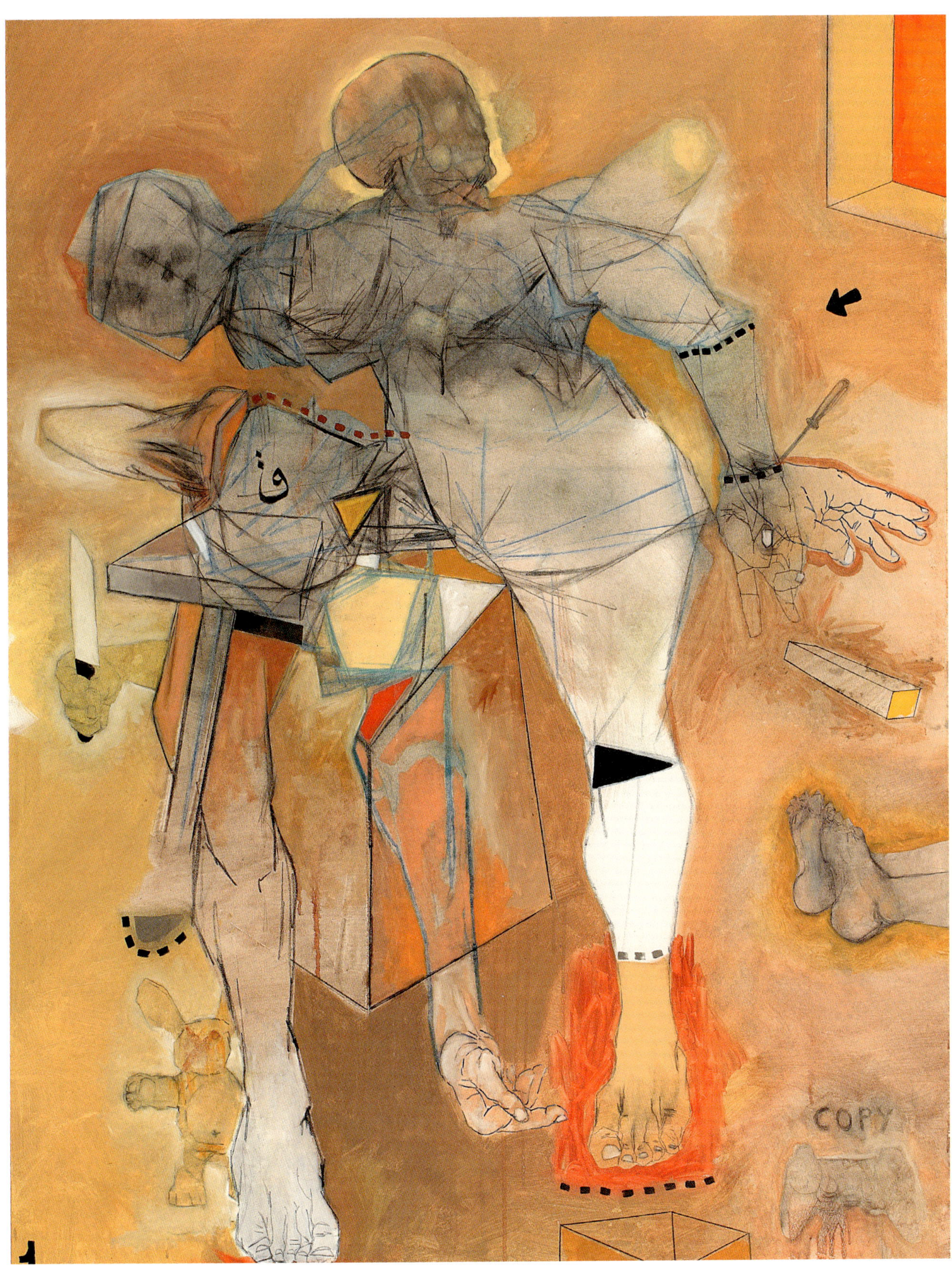

قة
COPY

or contained by means of a scenographic approach to the work. There is no painting that is not ultimately a drama in action, a theater of operations, a scene of war, public or private. The space of the canvas is also *azimuté*. The teachings of Cubism have been pondered: the planes are no longer constructed from an imaginary vanishing point that tames the gaze, but are arranged in accordance with different viewing angles. They are created and obfuscated, erected and collapsed in disturbing voids of perception. The space seems to be constantly capsizing. A slow drift of the continent of the painting, a never-ending erosion. This declivity is the image of a world collapsing, in which abscissas and ordinates no longer determine the visible, which then literally explodes before our eyes. The limbs strewn in the middle of nowhere cannot be explained, nor these weapons of mass destruction — butcher's knife, cleaver, revolver — and the objects left to the abandonment of a world in which even recreation is always placed under surveillance. As though in a surrealist painting, insects are often paired with scissors or surveillance cameras. Footballs are associated with skulls or gamepads. A motif often recurs, red signal tape like the tape used to cordon off crime scenes. But as in the paintings *States of emergency* or *Wherein lies continue*, these accessories seem to have been dynamited, exploding in mid-air, extending the original scene of the crime to the entire cosmos.

DESIRING-MACHINES

Thameur Mejri borrows part of his visual language from the cinema, and comments: "I think of the space of the canvas as a film screen. I place the objects on it as though I were watching a scene in a film." In his organization of the space, he undercuts the frontality of the film screen, a characteristic that is also true of televisions, computers and smartphones. Painting is no longer, as Alberti defined it, "a window open on the world", but a kind of atomic capsule that destroys traditional spacetime, whether two- or three-dimensional. Of the cinematograph, a word that etymologically signifies the "writing of movement," Mejri retains a dynamic conception of the screen. The composition of a work is not unlike TV zapping, in which the viewer unabashedly jumps from channel to channel; in this case, however, it is from a game of hopscotch to a crippled leg, a road sign to an insect, a truncheon to a tibia. These are less free associations than jump-cuts that express the visual aggressiveness of a world that we have learned to scroll through more than to observe. The viewer must also force their gaze to move from one motif

Mais comme chez Bacon, cet autre peintre auquel Thameur Mejri voue une admiration non feinte, la violence est encerclée ou contenue à travers une approche toute scénographique du tableau. Pas de peinture qui ne soit au final une dramaturgie en acte, un théâtre d'opérations, une scène de guerre, publique ou privée. L'espace de la toile est lui aussi azimuté. La leçon du cubisme a été méditée : les plans ne se construisent plus à partir d'un point de fuite imaginaire domestiquant le regard, mais ils s'agencent selon des angles de vue variés. Ils se bâtissent et s'estompent, s'édifient et s'écroulent dans d'inquiétants abîmes de la perception. L'espace semble en permanence chavirer. Une lente dérive du continent de la peinture, une érosion sempiternelle. Cette déclivité est à l'image d'un monde allant à vau-l'eau, dans lequel abscisses et ordonnées ne déterminent plus le visible, qui se met alors à exploser littéralement sous nos yeux. On ne s'explique pas autrement ces membres épars jonchant la toile au milieu de nulle part, mais aussi ces armes de destruction massive – couteau de boucher, hachoir, revolver –, et ces objets laissés à l'abandon d'un monde où le jeu même est toujours placé sous surveillance. Comme dans un tableau surréaliste, des insectes côtoient souvent des paires de ciseaux ou des caméras de surveillance. Des ballons de foot traînent à côté de têtes de mort ou de manettes de jeux vidéo. Un motif revient souvent, celui d'une bande de signalisation rouge qui rappelle les rubans entourant les scènes de crime. Mais comme dans ces tableaux que sont *States of emergency* ou *Where in lies continue*, ces accessoires semblent comme dynamités, explosant en plein vol, étendant la scène originelle du crime au cosmos tout entier.

MACHINES-DÉSIRANTES

Au cinéma, Thameur Mejri emprunte une partie de son langage visuel. Lui-même considère la toile comme un écran sur lequel viendraient se superposer différentes images : « Je conçois l'espace de la toile comme un écran de cinéma. Je place les objets comme si j'étais en train de regarder une séquence dans un film. » Dans l'agencement de l'espace qui est le sien, le peintre subvertit plutôt la frontalité de l'écran de cinéma, qui est aussi celle de la télévision, des ordinateurs ou autres smartphones. La peinture n'est plus, comme la définissait Alberti, « une fenêtre ouverte sur le monde », mais une sorte de capsule atomique pulvérisant l'espace-temps traditionnel, bi voire tridimensionnel. Du cinématographe, qui étymologiquement désigne l'écriture du mouvement, le peintre garde plutôt une conception dynamique de l'écran. La composition n'est pas sans rappeler la culture du zapping télévisuel où l'on saute du coq à l'âne sans complexe ; en l'occurrence ici, d'un

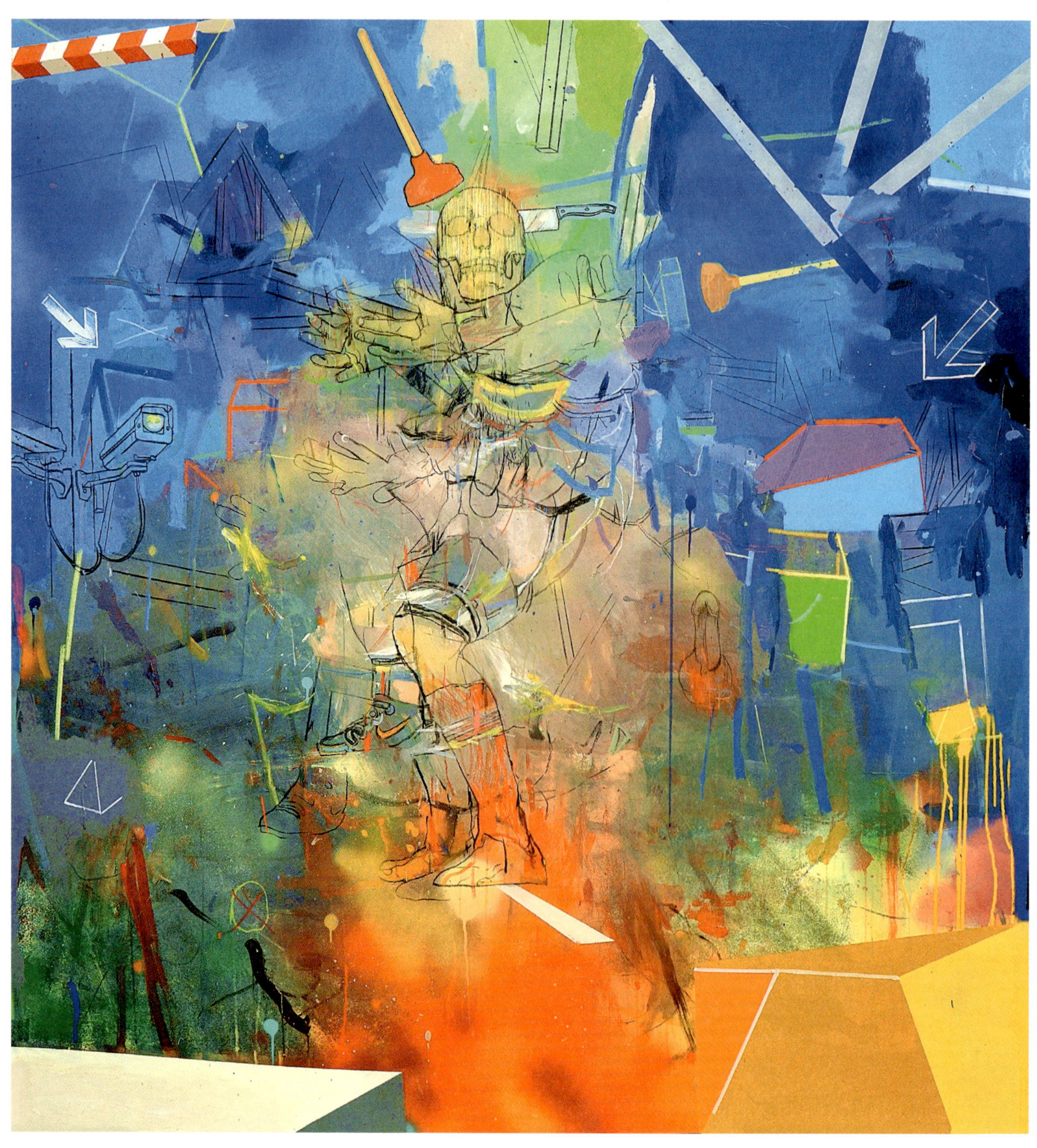

States of emergency, 2020
Acrylic, charcoal and oil stick on canvas / Acrylique, fusain et pastel sur toile
200 × 180 cm

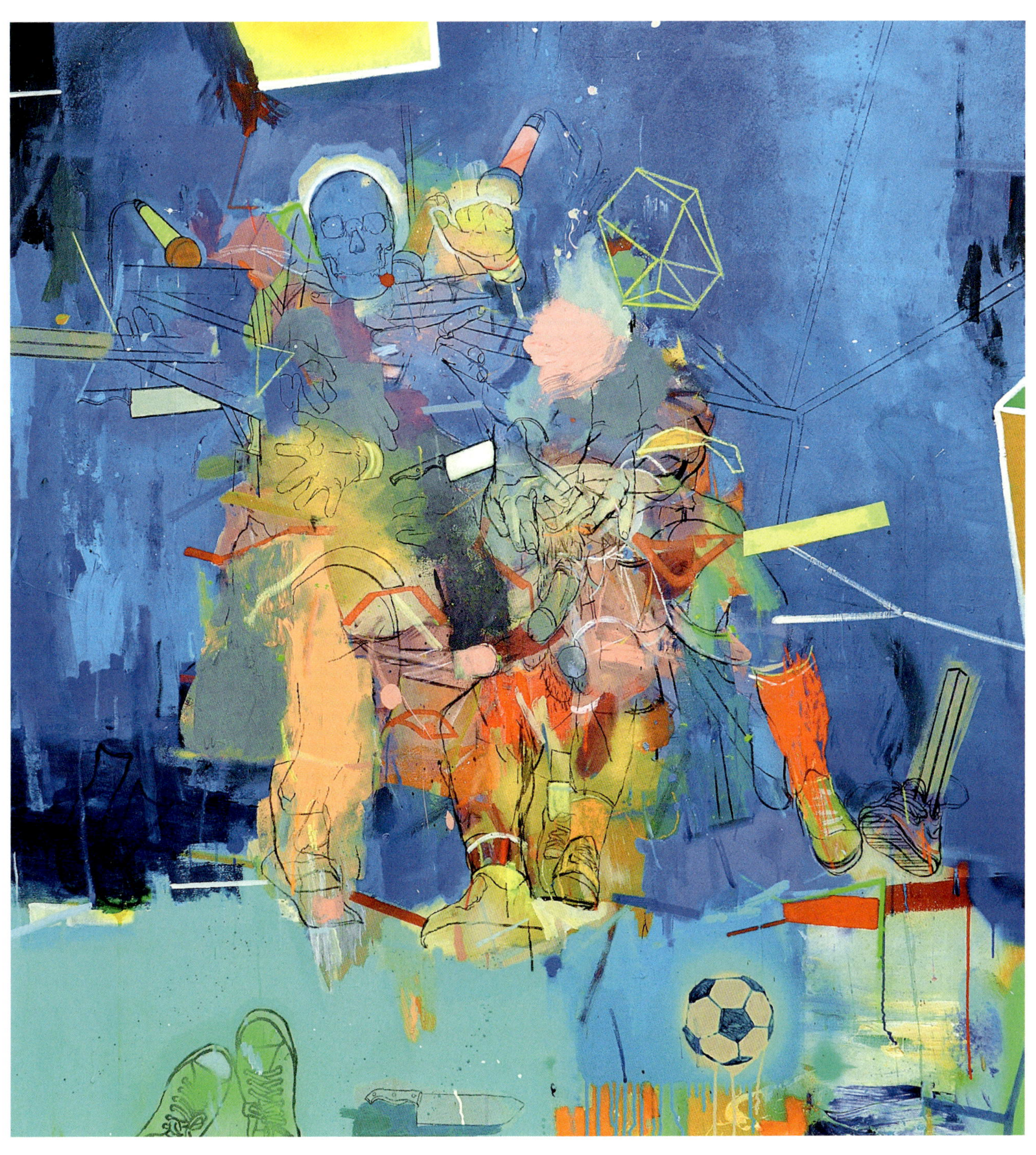

Deactivate, 2020
Acrylic, charcoal and oil stick on canvas / Acrylique, fusain et pastel sur toile
180 × 150 cm

to another, from a blood-red flat surface to a simple drip, from a kamikaze–skeleton to a bird covered in oil.

Although the painting is no longer entirely assimilable to a simple screen — always more or less control, and one also wonders what this painting owes to the reading of Foucault and the concept of panopticon developed in *Discipline and Punish* — it is up to the viewer to put an end to the immobility of contemplation and the passivity of the gaze. A painting by Thameur Mejri is not simply to be contemplated, in the true sense of the word: it does not delimit a sacred space (the original meaning of the verb *contemplate*). On the contrary, it profanes reality and invites the viewer to move, to act, even to box with the canvas. This is probably why Mejri prefers to speak of *images* rather than painting when talking about his work: "Talking about painting is too sacred. Rather, I manipulate images. I take an experimental approach." This is not contradicted by the experimental videos made in part with his brother Kays Mejri during his studies at the fine arts school. In these we see the influence exerted on him by the director David Lynch, whose use of visual and sound montage has left a lasting impression on Thameur. In Lynch's montages, which are less dialectical than labyrinthine, the visual sequences and sound tracks are taken to a nodal point of reversibility where a character can find himself, as in *Lost Highway*, in two places at the same time, or, as in *Mulholland Drive*, they may take on a substitute identity. In his book *David Lynch*, the film critic Michel Chion likens the director's films to a kind of Möbius strip in which all boundaries between spaces that have become homeomorphic are abolished. The result is the labyrinthine development of a plot that generates anguish and frustration. An art of the fantastic taken to its acme. We find the same coefficient of irresolution or undecidability in the way Thameur Mejri approaches the kinetic representation of human figures that might well be described as baroque. Most often shown from above or below, as Tiepolo did in his time, the bodies are torn from any form of identification, like so many kamikaze-figures exploding in flight. Is the loss of reference points sufficient to make a person blow their brains out? The question is no doubt painfully relevant in the post-Jasmine Revolution context of Tunisia.

The body remains omnipresent in Mejri's work, but it seems disembodied, even asexual, and stops at the frontier of portraiture. Faced by the artist's human figurations, we think of Deleuze's "body-without-organs," after Artaud: bodies not reduced to their vital functions, but racked by incessant tensions

jeu de marelle à une jambe estropiée, d'un panneau de signalisation à un insecte, d'une matraque à un os de tibia. Ce sont moins des associations libres que des *jump cuts* traduisant l'agressivité visuelle d'un monde que nous avons appris à faire défiler bien plus qu'à observer. Le regard du spectateur doit aussi se faire violence pour passer d'un motif à un autre, d'un aplat rouge sang à une simple coulure, d'un squelette-kamikaze à un oiseau mazouté.

Si le tableau n'est plus totalement assimilable à un simple écran – toujours plus ou moins de contrôle, et l'on songe aussi à ce que cette peinture doit à la lecture de Foucault et au concept de panoptique développé dans *Surveiller et punir* –, il revient au spectateur d'en finir avec l'immobilité de la contemplation et la passivité du regard. Une toile de Thameur Mejri ne se contemple pas, au sens propre du terme : elle ne délimite aucun espace sacré (tel est le sens premier du verbe *contempler*). Bien au contraire, elle profane le réel et invite le regardant à se mouvoir, à agir, voire à boxer littéralement avec la toile. Sans doute est-ce la raison pour laquelle le peintre préfère parler d'*image* que de peinture concernant son travail : « Parler de peinture est trop sacré. Je manipule plutôt l'image. Je suis dans une démarche expérimentale. » Ce que ne démentent pas les vidéos expérimentales, réalisées en partie avec son frère Kays Mejri, lors de ses études aux Beaux-Arts. On y découvre l'influence qu'eut un réalisateur comme David Lynch dont l'art du montage, aussi bien visuel que sonore, a marqué durablement Thameur. Un art du montage, moins dialectique que labyrinthique, où les séquences visuelles et les plages sonores sont poussées jusqu'à un point nodal de réversibilité. Où un personnage peut se retrouver, comme dans *Lost Highway,* dans deux lieux à la fois ou, à l'image de la protagoniste de *Mulholland Drive,* revêtir une identité de substitution. Dans l'ouvrage qu'il consacre au réalisateur de *Blue Velvet*, le critique de cinéma Michel Chion apparente les films de Lynch à une sorte de ruban de Möbius abolissant toute frontière entre des espaces devenus homéomorphes. Il en résulte un devenir-labyrinthe d'une intrigue générant angoisse et frustration. Un art du fantastique porté à son incandescence. On retrouve un même coefficient d'irrésolution ou d'indécidabilité dans la façon dont Thameur Mejri aborde la représentation cinétique des figures humaines qu'on aimerait qualifier de baroques. Donnés le plus souvent à voir en plongée ou en contre-plongée, comme s'y évertuait un peintre tel que Tiepolo à son époque, les corps s'arrachent à toute forme d'identification possible comme autant de figures-kamikazes explosant en plein vol. La perte de repères suffirait-elle à se faire sauter la cervelle ? La question se pose sans doute douloureusement, dans le contexte tunisien postrévolution du jasmin.

or twisting. Desiring-machines, to use the concept developed in *Anti-Œdipus*, intensive bodies that Deleuze finds represented in the work of the painter Francis Bacon. One painting in particular, executed in 2011, seems more subversive than any other: *Blood smeared nude woman*. This is apparently the complete opposite of a religious painting that sacralizes the undefiled female body, using the motif of the Assumption of the Virgin Mary or the Annunciation. Through a tangle of tubes and mutilated organs, Mejri shows us a female desiring-machine, that is to say a body that is not reduced to its vital functions; neither to its capacity to reproduce nor its menstruations. It is clear how much this approach to the female body constitutes, in the Islamic world, an address that is strictly speaking revolutionary. The body as the object of lust is now a body as the subject of pleasure. There are many women (to whom can be added men with their feminine element) in Arab-Muslim countries who lead this fight in favor of the emancipation of desire! Mejri seems to have chosen his side a long time ago.

AESTHETIC OF DISCONTINUITY

At the antipodes of an aesthetic of continuity characteristic of the new media — probably starting with the invention of the television or telephone, which link remote entities, up to the current structuring in networks — Thameur Mejri's images are based on an organized aesthetic of discontinuity or chaos. Following Riegl's analysis taken up by Deleuze in *Francis Bacon: The Logic of Sensation*, it can be said that the painter opposes an optical perception, which unifies objects in a spatial continuum, to a "haptic" perception of reality which, *a contrario*, isolates the objects in the visual field as discontinuous entities. It is also from the cinema that this visual language, which appears at first sight to arise from the disruption identified by Bernard Stiegler, borrows its principal compositional materials. First of all, through the continuous changes of scale that make different plane values coexist on the surface of the same canvas. Broad use of disproportion leads the viewer to conceive, not only the absurdity of the world that surrounds them or that even holds them between its fangs, but also its barbarity in action. Everything is a matter of vision and it is up to our eyes to learn from the zoom effects produced by the canvas. In the upper part of *Destroy the source*, drops of blood flow from nowhere and, compared with a simple chair, seem disproportionately large; as though the comfortable position of a viewer were nothing compared with the horrors before their eyes. In *Archeology of powers*, a single

Le corps reste omniprésent dans cette peinture, mais il semble comme désincarné, voire asexué, et s'arrête aux frontières même du portrait. C'est au « corps-sans-organes » dont parle Deleuze, après Artaud, que l'on songe face aux figurations humaines de Thameur Mejri. Des corps ne se réduisant pas à leurs fonctions vitales, mais parcourus de tensions ou de torsions incessantes. Des « machines-désirantes », pour reprendre le concept développé dans *L'Anti-Œdipe*, des corps intensifs dont Deleuze trouve la traduction chez un peintre comme Bacon. Un tableau réalisé en 2011 nous semble plus subversif que tout autre : *Blood Smeared Nude Woman*, que l'on peut traduire par « Nu féminin maculé de sang ». Nous sommes en apparence aux antipodes d'une peinture religieuse sacralisant, à travers le motif de l'Assomption de la Vierge Marie ou de l'Annonciation, le corps sans tache de la femme. À travers un enchevêtrement de tubulures et d'organes estropiés, le peintre nous donne à voir ici une machine-désirante féminine, c'est-à-dire un corps qui ne se réduirait pas à ses fonctions vitales ; ni à sa capacité reproductrice ni à ses menstruations. On mesure combien cette approche du corps féminin constitue, en terre d'islam, une revendication à proprement parler révolutionnaire. Au corps objet de toutes les convoitises succède un corps sujet de jouissance. Nombreuses sont celles (*celles* pourrait inclure d'ailleurs les hommes dans la part de féminité qui leur revient), dans les pays arabo-musulmans, qui mènent ce combat en faveur d'une émancipation du désir ! Le peintre semble avoir, depuis longtemps, choisi son camp.

ESTHÉTIQUE DE LA DISCONTINUITÉ

Aux antipodes d'une esthétique de la continuité caractéristique des nouveaux médias – sans doute depuis l'invention de la télévision ou du téléphone reliant à distance des entités séparées jusqu'à la structuration en réseaux actuelle –, les images de Thameur Mejri reposent sur une esthétique de la discontinuité ou du chaos, mais une discontinuité organisée. En suivant les analyses de Riegl reprises par Deleuze dans *Francis Bacon, logique de la sensation*, on pourra dire que Mejri oppose à une perception optique unifiant les objets en un continuum spatial, une perception « haptique » du réel qui *a contrario* isole les objets présents dans le champ de vision en tant qu'entités discontinues. C'est aussi au cinéma que ce langage visuel, qui se présente de prime abord comme enfanté par la disruption chère à Bernard Stiegler, emprunte ses principaux matériaux de composition. À travers des changements d'échelle continuels faisant coexister sur la surface d'une même toile des valeurs de plan différentes. Tout un jeu de disproportion

Crucifix us, 2010
Mixed media on canvas / Technique mixte sur toile
180 × 130 cm

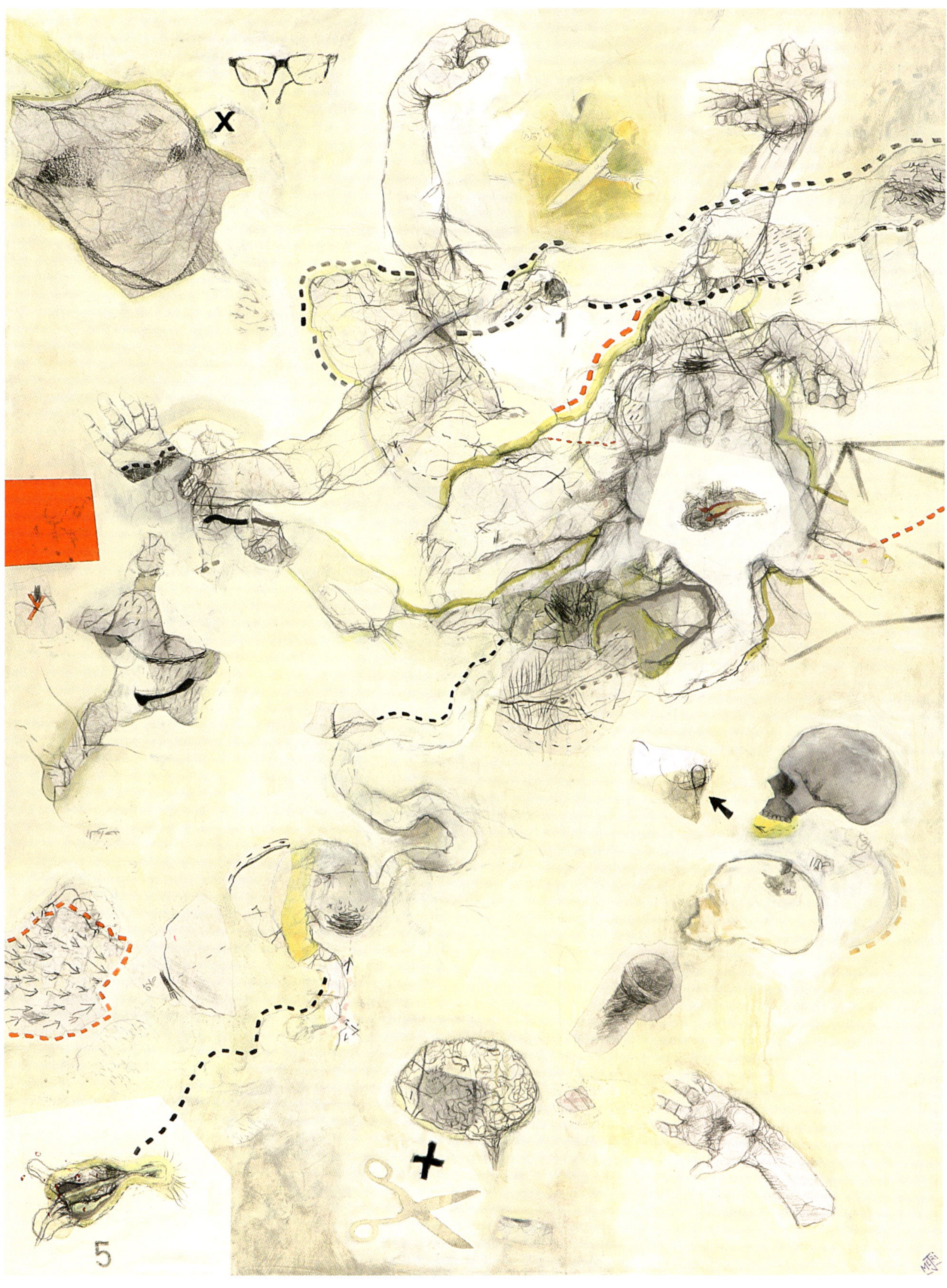

pair of shoes appears three times bigger than the helicopters that fly over a chaotic scene, or perhaps it is a massacre. On the same surface, a general view of an ordinary war scene coexists with a close-up of feet and legs whose vulnerability or resilience is emphasized instead. These close-up effects are striking and replay, while subverting them, the aesthetic of permanent shock used by the media. We wonder if the media are simply borrowing propaganda techniques from the cinema or if they have already shattered the boundary between reality and fiction. Mejri is also a fan of the films of David Cronenberg, whose film *Videodrome* made a deep impression on him. In a visionary way, in this film the Canadian director tackled the question of the snuff movie and pointed out the ravages of our addiction to the most unbearable images. When we are filled with the unbearable, what remains of man and his conscience? Should we not see in the teleportation scenes in another Cronenberg film, *The Fly*, to which the painting *Heretic space 3* seems to refer by excessively enlarging the morphology of a fly in the lower right section, a metaphor of man's current condition, who has become a hybrid being, molecularly and genetically in the process of metamorphosis?

Variations of scale, but also permanent variations of the viewing angles that transform the traditional Euclidean space into kinds of tectonic plates, and make our glance quiver, or rather that disorient it. Of course, it is not new for a painter to abandon perspective and embrace multiple viewpoints, but the fragmentation of space that results here is sufficiently original to merit mention. It is also possible to consider the paintings as puzzles to be solved or as jigsaws to be assembled. Are you ready to play? Ask yourself, for example, what the bullet-riddled body, lying in an unbearable blood-red pool, represents in the lower left-hand corner of the painting *Enemy 1*. Facing the body: a television set whose screen is masked by a yellow panel. A little to the right, after a slight panoramic, another screen has a revolver at its center pointing directly away from the corpse. What do you think? That images do not kill, no doubt, but that they continuously produce death, perhaps... A program that is all the more effective because it takes place most often outside our field of vision. And what if painting gave us access to these backstage scenes of the bloody show as they occur? Often, the artist shows us objects or bodies coming from a place we know nothing about, propelled in full flight or being torn from who knows what force of inertia. In the lower left section of *Deactivate*, the elongated legs of a seated television viewer appear, extending from a body that lies outside the frame. This

amène le spectateur à concevoir, non seulement l'absurdité du monde qui l'entoure, voire l'enserre entre ses crocs, mais aussi sa barbarie en action. Tout est affaire de vision et c'est à notre regard de tirer les leçons des effets de zoom produits par la toile. Dans la partie haute de *Destroy the source*, des gouttes de sang affluent de nulle part et, en comparaison d'une simple chaise, semblent de taille démesurée ; comme si la position confortable qui serait celle d'un téléspectateur n'était rien face aux horreurs qui défilent sous ses yeux. Dans *Archeology of Powers,* une simple paire de chaussures paraît trois fois plus grande que les hélicoptères qui survolent une scène de chaos, voire de massacre. Coexistent sur une même surface une vue d'ensemble d'une scène de guerre ordinaire et un plan rapproché sur des pieds et des jambes dont la vulnérabilité et la capacité de résistance sont mises au contraire en avant. Ces effets de gros plan sont saisissants et rejouent, en les subvertissant, l'esthétique du choc permanent qui est celle des médias. Médias dont on se demande s'ils ne font qu'emprunter au cinéma des techniques de propagande ou s'ils n'ont pas déjà fait voler en éclats la frontière séparant le réel de la fiction. Thameur est un inconditionnel aussi du cinéma de David Cronenberg dont le film *Vidéodrome* l'a profondément marqué. Le réalisateur canadien y abordait, de façon visionnaire, la question du *snuff movie* et pointait déjà les ravages de nos addictions aux images les plus insoutenables qui soient. Quand on est repu de l'insoutenable, que reste-t-il de l'homme et de sa conscience ? Ne faudrait-il pas voir dans les exercices de téléportation relatés dans cet autre film, *La Mouche*, auquel semble se référer le tableau *Heretic Space 3* en grossissant à outrance la morphologie d'une mouche située dans sa partie inférieure droite, une métaphore de la condition actuelle de l'homme devenu un être hybride, moléculairement et génétiquement en voie de métamorphose ?

Variations d'échelles, mais aussi variation permanente des angles de vue transformant l'espace euclidien traditionnel en des sortes de plaques tectoniques faisant trembler notre regard, ou plutôt le désorientant. Il n'est certes pas nouveau qu'un peintre abandonne la perspective au profit d'une vision démultipliée, mais la fragmentation de l'espace qui en résulte ici est assez originale pour être mentionnée. Il n'est d'ailleurs pas interdit d'aborder les tableaux comme des rébus à élucider ou un ensemble de puzzles à rassembler. Prêts à jouer ? Demandez-vous par exemple ce que représente, dans la partie inférieure gauche du tableau *Enemy 1,* ce corps criblé de balles et gagné par une couleur rouge sang insoutenable. Face à lui : un poste de télévision dont l'écran est masqué par un panneau jaune. Un peu plus à droite, soit après un léger

Obedience, 2017
Mixed media on canvas / Technique mixte sur toile
200 × 180 cm

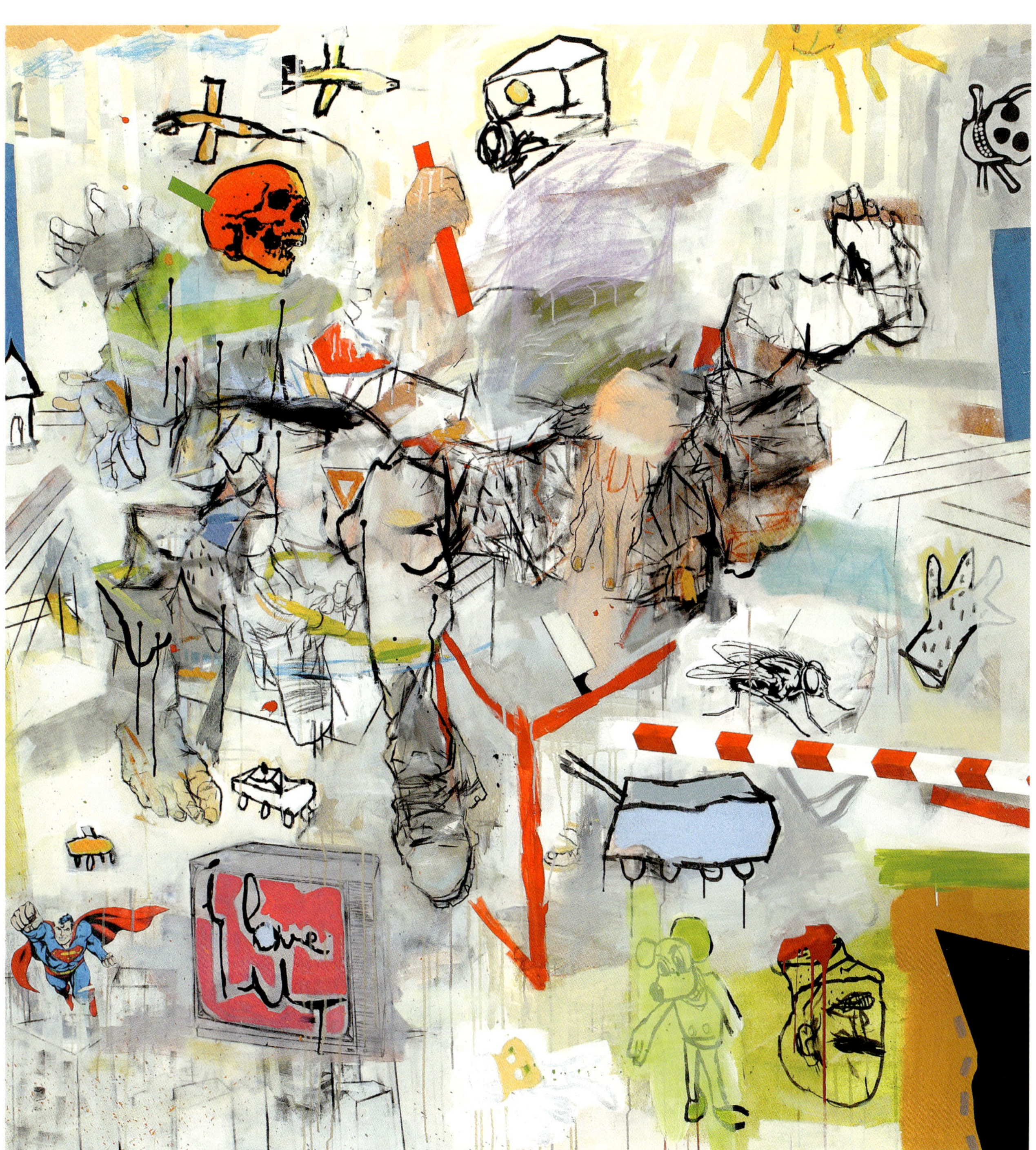

i love
U

viewer might also be the spectator of what is being played out on the surface of a painting deactivating all possible and imaginable television programs, represented metonymically by the presence of microphones, a football and tennis shoes. But the show taking place is more carnage than a reality show; unless, in the end, the two always meet. A cleaver is placed next to the ball, the two microphones flank the skull of a skeleton, one of the two legs, probably of a football player, is made of wood. The society of the spectacle is subjected to rough treatment here. Perhaps not without a sense of jubilation, Mejri's images are exploded.

ON THE WAY

However *azimuté* Mejri's work may be, it nevertheless shows us a path. A path leading perhaps nowhere else than into the clearing of art history, but in the face of chaos, art alone — and painting in particular — can pride itself on representing the only possible breakthrough. Two motifs — arrows and dotted lines — with the appearance of symbols, attempt to direct the viewer's gaze towards a possible reparation. Borrowed probably from Bacon, the arrows indicate the chaos as much as they invite a paradoxical form of freeze-frame, a term that here will be preferred to contemplation for the reasons previously invoked. Dotted lines, looking like stitches, allow bodies or objects to be identified, to underline with an unfinished line the persistence of reality and perception, however "haptic" it may be. And what if the raison d'être of painting was to put the pieces back together, starting by directing the gaze towards precisely what is fiercely insistent on not being seen: Abu Ghraib, Guantanamo... Unlike in the myth of Medusa, we would find a way out of the chaos if we accepted to look at the horror. The painting titled *Crucifix us* seems to accomplish this program. In the upper section, two objects give the strange impression of floating as if weightless: on the left, a simple pair of glasses; on the right, on a somewhat yellowed background, a pair of scissors. It is impossible not to think of the opening scene in *An Andalusian Dog* by Buñuel and Dalí in which an enucleation takes place. The painter asks whether it isn't necessary to begin by symbolically mutilating one's gaze — by putting out the eye of the alienated viewer — in order to begin to see; no doubt? Isn't seeing differently what has linked painters since the time of Lascaux? In his deconstructivist approach, Thameur Mejri follows in the footsteps of his elders. His very perceptible knowledge of painting, but more broadly of the visual arts and cinema, leads him to merge a scenographic approach to painting, that of the Cubists or Bacon,

panoramique, un autre écran comporte en son centre un revolver pointé dans la direction opposée au cadavre. Qu'en dites-vous ? Que les images ne tuent pas, sans doute, mais qu'elles produisent en continu de la mort, peut-être bien... Un programme d'autant plus efficace qu'il se déroule le plus souvent hors de notre champ de vision. Et si la peinture nous donnait accès justement à ces coulisses du spectacle sanguinaire en voie de réalisation ? Souvent, l'artiste nous donne à voir des objets ou des corps en provenance d'un lieu qui nous échappe, propulsés en plein vol ou s'arrachant à on ne sait quelle force d'inertie. Dans la partie inférieure gauche de *Deactivate*, surgissent d'un hors champ les jambes allongées d'un téléspectateur dont le corps n'est pas visible. Téléspectateur qui pourrait aussi être le spectateur de ce qui se joue à la surface même d'un tableau désactivant tous les programmes télévisuels possibles et imaginables, représentés métonymiquement par la présence de microphones, d'un ballon de foot et de chaussures de tennis. Mais le spectacle en cours relève davantage du carnage que d'une émission de téléréalité ; à moins qu'au final les deux ne se rejoignent toujours. Un hachoir jouxte le ballon, les deux microphones entourent le crâne d'un squelette, l'une des deux jambes, vraisemblablement d'un footballeur, est en bois. La société du spectacle en prend ici pour son grade. Le peintre l'a fait, non sans jubilation peut-être, exploser.

EN CHEMIN

Pour azimutée que soit cette peinture, elle ne nous en montre pas moins un chemin. Un chemin ne menant peut-être nulle part ailleurs que dans la clairière de l'histoire de l'art. Mais face au chaos, l'art seul – et la peinture en particulier — peut s'enorgueillir de représenter l'unique éclaircie possible. Deux motifs, prenant l'apparence de symboles, tentent d'orienter le regard vers une possible réparation : ceux des flèches et des pointillés. Empruntées vraisemblablement à Bacon, les premières signalent tout autant le chaos qu'elles invitent à une forme paradoxale d'arrêt sur image ; terme que l'on préférera à celui de contemplation pour les raisons précédemment évoquées. Les seconds s'apparentent le plus souvent à des points de suture permettant d'identifier corps ou objets, de souligner d'un trait inachevé la persistance du réel et de la perception, pour « haptique » qu'elle fût. Et si la raison d'être de la peinture était de recoller les morceaux en commençant par orienter le regard vers ce qui justement tient farouchement à ne pas être vu : Abou Ghraib, Guantanamo... À l'opposé du mythe de Méduse, accepter de voir l'horreur en face serait une façon de sortir du chaos. La toile intitulée *Crucifix us* semble accomplir ce programme. Dans la partie

with experimentation in the art of montage, characteristic of an entire portion of the 7th art, particularly of the science-fiction films that he grew up with. How can the tradition of art history that sacralizes painting be combined with the modernity of an experimental treatment of images that has become prevalent in the digital age? A painting of 2013 might provide part of the answer. Titled *I dreamed about Picasso nearly every night this week* , it shows a hybrid creature with the skull of a skeleton. But it is the hands of this figure that attract attention: the one on the left, drawn in charcoal, suggests a line drawing emblematic of a classical aesthetic; the one on the right, entirely mechanized, belongs to a robot or a cyborg. Michelangelo meets Robocop on an editing table! Painting still has a lot to offer...

haute du tableau, deux objets donnent l'impression étrange de flotter comme en apesanteur : à gauche, une simple paire de lunettes ; à droite, sur un fond quelque peu jauni, une paire de ciseaux. Impossible de ne pas songer à la scène d'ouverture d'*Un Chien andalou* de Buñuel et Dalí dans laquelle se déroule une énucléation. Ne faut-il pas commencer par mutiler symboliquement son regard – par crever l'œil du téléspectateur aliéné – pour commencer à voir, nous suggère le peintre ; sans doute ? Voir autrement, n'est-ce pas enfin ce qui relie depuis Lascaux les peintres les uns aux autres ? Dans l'approche déconstructiviste qui est la sienne, Thameur Mejri marche surtout sur les traces de ses aînés. La connaissance sensible de la peinture qui est la sienne, mais plus largement des arts visuels et du cinéma, le conduit à faire se rencontrer sur la toile une approche scénographique du tableau – celle des cubistes ou de Bacon –, et une expérimentation dans l'art du montage, le propre d'un pan entier du septième art, notamment des films de science-fiction dont son enfance a été bercée. Comment marier la tradition de l'histoire de l'art sacralisant la peinture et la modernité d'un traitement expérimental des images devenu prégnant à l'ère du numérique ? Un tableau de 2013 pourrait au final apporter un élément de réponse. Intitulé *I dreamed about Picasso nearly every night this week*, celui-ci donne à voir une créature hybride dont le crâne est celui d'un squelette. Mais ce sont les mains de cette figure qui attirent ici l'attention : celle de gauche, dessinée au fusain, rappelle un art du trait emblématique d'une esthétique classique ; celle de droite, entièrement mécanisée, appartient à un robot ou un *cyborg*. Comme la rencontre sur une table de montage de Michel-Ange et de Robocop ! La peinture a encore de beaux jours devant elle...

Mesmerizing multiplicities

Deena Weinstein

Artists strive to create beguiling paintings, those that will entice viewers to feast their eyes on them and be affected. Our bodies are wired so that impressions, created as a result of sensory stimuli, evoke emotional responses. These, in turn, engender thoughts.

Thameur Mejri takes that constant of the human condition and creates compositions that stimulate, concentrate, and intensify subjective responses. His arrestingly attractive images captivated me so strongly that any reflection on my experience, which normally occurs simultaneously, was fully delayed; time, it seemed, stood still. I was only able to consider the experience after time resumed.

As a rock journalist for several decades, I listen to a music album several times before thinking about what I am listening to or reading the inevitable press kits that come with my copy. After a few days I begin to have judgments about what I've been hearing: which subgenre it best fits, the competency of the musicians' individual performances, the recording's production, the degree of creativity of the composers, the vocalist's emotional tone, the message(s) of the lyrics (at least the discernable ones — my specialty is extreme metal subgenres), and the work's affective impact. Only then might I consider the non-sonic material like the album cover and liner notes.

MESMERIZING MULTIPLICITIES

When time synched with my senses after that initial encounter, I discovered a sense of movement in the images. Even while printed on a standard-sized sheet of paper in full color, I couldn't grasp why they give a sense of motion. Immediately diverted from solving this conundrum, I noticed and was captivated by the stunning multiplicities of objects in, and among, the ten pictures. Like a biologist exploring life forms on a strange planet, I began with delight

Multiplicités hypnotiques

Deena Weinstein

Les artistes s'efforcent de créer des tableaux séduisants, ceux qui inciteront les spectateurs à les contempler et à être touchés. Nos corps sont câblés de telle sorte que les impressions reçues par nos sens suscitent des réponses émotionnelles. Celles-ci, à leur tour, engendrent des pensées.

Thameur Mejri prend cette constante de la condition humaine et crée des arrangements dans ses peintures qui stimulent, concentrent et intensifient les réponses subjectives. Ses tableaux, d'une beauté saisissante, m'ont captivée si fortement que toute réflexion sur mon expérience – mon expérience de l'expérience qui est normalement simultanée – a été complètement retardée ; les minutes semblaient s'être arrêtées. Je n'ai pu prendre en considération cette expérience qu'après que le temps ait repris ses droits.

En tant que journaliste rock depuis plusieurs décennies, j'écoute un album de musique plusieurs fois avant de penser à ce que j'entends ou de lire les inévitables dossiers de presse qui accompagnent mon exemplaire. Au bout de quelques jours, je commence à émettre des jugements sur ce que j'ai écouté : le sous-genre auquel il correspond le mieux, la compétence des performances individuelles des musiciens, la facture de l'enregistrement, le niveau de créativité des compositeurs, le ton émotionnel du chanteur, les messages des paroles (du moins ceux que l'on peut discerner – ma spécialité étant les sous-genres du metal extrême), et l'impact affectif de l'œuvre. Ce n'est qu'ensuite que je pourrai prendre en compte le contenu non-audible, comme la couverture de l'album et les notes figurant sur sa pochette.

MULTIPLICITÉS HYPNOTIQUES

Lorsque le temps s'est de nouveau synchronisé avec mes sens après cette première rencontre, j'ai découvert une sensation de mouvement dans les images. Même lorsqu'imprimées en couleur sur une feuille de papier de taille

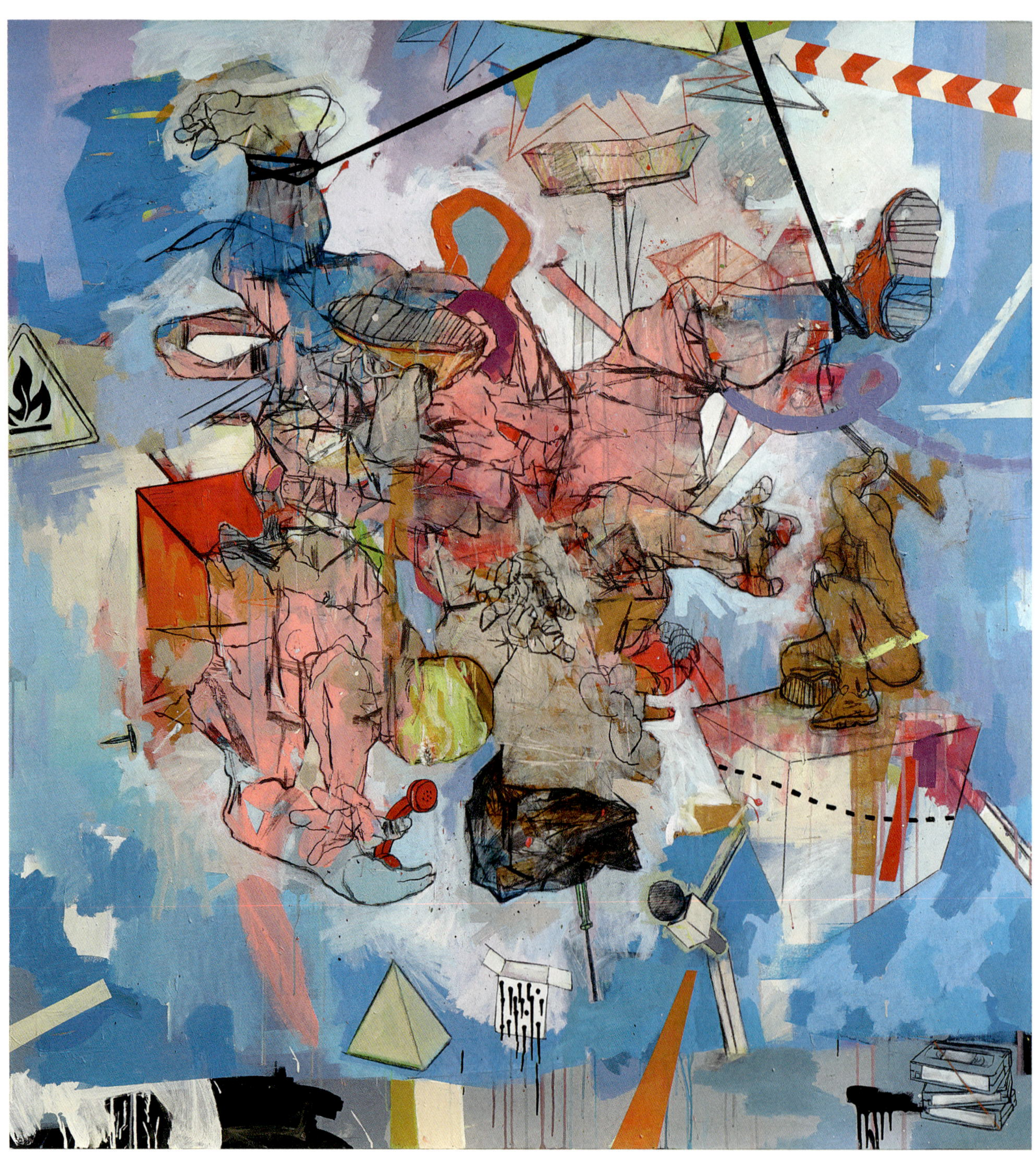

The present is obsolete, 2017
Mixed media on canvas / Technique mixte sur toile
200 × 180 cm
Collection Dalloul Art Foundation, Beirut, Lebanon / Beyrouth, Liban

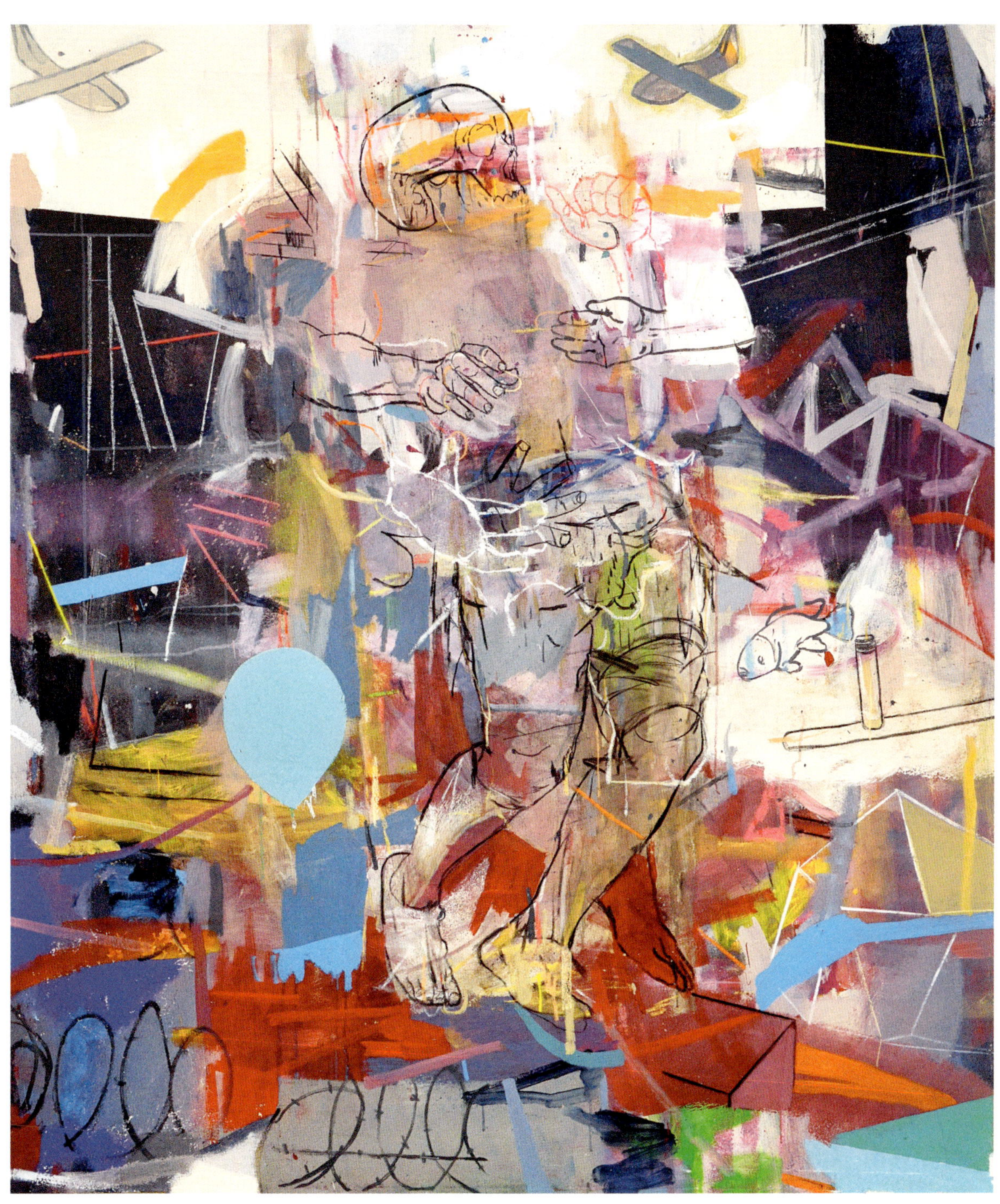

Untitled / Sans titre *(Aircraft)*, 2018
Pencil, charcoal and acrylic on canavas / Crayon, fusain et acrylique sur toile
180 × 150 cm

to catalog them, but only after my attention flitted from one to another for a long while.

The first variation I noticed was color. Of course, it is no surprise to see paintings have color, but here it is not used to depict some scene or object, some scene or object, nor is it deployed in the manner of the abstract expressionists that often come to mind when seeing works that evade representation, like those of Rothko or Pollock. In part the colors are obvious because there are so few of them, the two main colors being bright, strong, and bold shades of blue and red, their hues ranging from fully saturated to darker and lighter, thanks to their combination with the "outcast" colors, black and white. These areas of red and blue background can give a picture an ominous, or sweetly pastel, or vibrant feel. Yellow has a smaller but noticeable walk-on role in each picture too, sometimes commingling with blue to form shades of light green.

It was the multiplicity of objects that held my attention as I reveled in and flitted from one to another. They vary in every possible way. Some rather abstract objects are the most ubiquitous: geometric forms looking like a two- or three-dimensional stick, or an arrow. Two interested me enough to give them names in my notes: one, resembling a folded piece of thin sheet metal or paper made into a multi-sided, three-dimensional object with numerous triangular surfaces, I uncreatively named "folds". The second I called "tapes" because these long rectangles of a single color remind me of the wide, sticky repair tape I use at home. Like all the other objects they are placed on an oblique plane.

Some are just lines, straight or curved, a few are carefully dotted lines. Many are fairly shapeless. They all vary in size, color, and mode of creation (brushed paint, drawn free-hand or against a ruler with charcoal or pen). Additionally, there are painted or sprayed "blobs" of color of different size, some having lines etched into the paint. The obvious proficiency with which a given item is created on the canvas — ranging from childlike to technical perfection — is yet another variance. Further difference is given by the angles of placement on the canvas and their juxtaposition with other objects. Every picture has many of these elements, and each time they appear, they are unique.

Some objects are representational: a light bulb, a house fly, and a knife appear only once. The fly is drawn with a technical proficiency fit for a biology textbook. The light bulb hanging

standard, je n'arrivais pas à comprendre pourquoi elles donnaient une impression de mouvement. Immédiatement détournée de la résolution de cette énigme, j'ai remarqué et été captivée par les étonnantes multiplicités d'objets dans, et entre, les dix images. Comme une biologiste explorant les formes de vie sur une planète étrange, j'ai commencé avec plaisir à les cataloguer, mais seulement après que mon attention ait volé de l'une à l'autre pendant un long moment.

La première variation que j'ai remarquée était la couleur. Bien sûr, il n'est pas surprenant de constater que les peintures sont en couleurs, mais ici elles ne sont pas utilisées pour dépeindre une scène ou un objet, ni déployées à la manière des expressionnistes abstraits qui viennent souvent à l'esprit en voyant des œuvres qui échappent à la représentation, comme celles de Rothko ou de Pollock. Elles sont en partie évidentes parce qu'il y en a si peu : les deux couleurs principales étant des nuances vives, fortes et audacieuses de bleu et de rouge. Les couleurs varient d'une saturation complète à des tonalités plus sombres et plus claires, grâce aux combinaisons avec les couleurs « paria », le noir et le blanc. Ces zones à fond rouge et bleu peuvent donner aux images un aspect sinistre, ou délicatement pastel, ou vibrant. Le jaune joue également un rôle plus modeste mais perceptible dans chaque image, se mêlant parfois au bleu pour former diverses nuances de vert clair.

C'est la multiplicité des objets représentés qui a retenu mon attention à mesure que je les découvrais et que je passais de l'un à l'autre. Ils semblent varier dans tous les sens possibles. Certains objets plutôt abstraits sont les plus omniprésents : des formes géométriques ressemblant à un bâton en deux ou trois dimensions, ou à une flèche. Deux d'entre eux m'ont suffisamment intéressée pour que je leur donne des noms dans mes notes : le premier, ressemblant à un morceau plié de tôle mince ou de papier transformé en un objet tridimensionnel à plusieurs faces avec de nombreuses surfaces triangulaires, je l'ai appelé de manière peu créative « plis ». Le second, je l'ai surnommé « rubans » parce que ses longs rectangles d'une seule couleur me rappellent le large ruban adhésif de réparation que j'utilise à la maison. Comme tous les autres objets, ils sont placés sur un plan incliné.

Certains sont de simples lignes, droites ou courbées, quelques-uns sont des lignes soigneusement pointillées. Beaucoup sont des entités relativement informes. Ils varient tous en taille, en couleur et en mode de création (peinture au pinceau, dessin à main levée ou contre une règle, au fusain ou au stylo).

from a cord at a gravity-defying angle is a simple painted yellow shape without shading or outline. An ominously sharp knife in black outline, its handle filled-in black, might be less ominous had it not been placed next to an outstretched hand.

It is the human body, mainly parts of legs, hands, and skull, which is the focal point of these paintings. Like all the other objects, each appearance is distinctive, and in a wide assortment of ways. For example, fingers on hands are differentially splayed, legs in movement are bent at various angles. Skulls facing in different directions, and drawn with or without distinct eye-sockets or nasal cavities, appear to have different facial expressions (as if they are smiling or in anguish, or without emotion altogether) despite the absence of muscle and skin.

It is like recognizing an actor as the same person in a variety of roles but considering the character in the movie you are watching as unique. Contemplating these body parts, I realized the reasons for the sense of motion I had experienced: legs are bent at the knee, or flail upside down, hands are in the air, fingers reaching out in one direction or another, all depicted as if in a maelstrom. Photographers covering sporting events or a rock band in concert need to imagine such poses to be ready a moment later to capture their "money shots," the ones editors will want to publish.

Unlike most painters, Mejri is careful not to align any objects with the edges of the canvas. Was the sense of motion also an absence of a sense of gravity in the pictures themselves? Have you ever stood on the deck of a boat in a very choppy sea?

Then too, the artist doesn't really direct one's eye to any item or section of the canvas. Instead, viewers are free to look anywhere and everywhere, in no particular order. Some types of freedom can be disconcerting, though. Without a focal point to anchor the view, the image gives a dizzying feeling, like that experienced by a blindfolded ballerina pirouetting. Yet perhaps it was this rarely offered freedom that kept me engrossed in the paintings, allowing me to lose myself in them.

MEETING THE ARTIST

After time had slipped between first seeing the pictures and recognizing what I was seeing (those mesmerizing multiplicities), I realized another slippage of time. While fully engaged

En outre, il y a des « blobs » de couleur peints ou pulvérisés de différentes tailles, certains ayant des lignes gravées dans la peinture. L'habileté évidente avec laquelle un élément donné est créé sur la toile – allant de l'enfantin à la perfection technique – est encore une autre variante. D'autres différences proviennent des angles de placement sur la toile et de la juxtaposition à d'autres objets. Chaque tableau comporte plusieurs de ces éléments, et chaque fois qu'ils apparaissent, que ce soit sur la même toile ou sur d'autres, ils se distinguent les uns des autres de la manière décrite ci-dessus.

Certains objets sont figuratifs : une ampoule électrique, une mouche domestique et un couteau apparaissent une fois seulement. La mouche est dessinée avec une compétence technique digne d'un manuel de biologie. L'ampoule électrique suspendue par un cordon à un angle défiant la gravité est une simple forme jaune peinte sans ombre ni contour. Le couteau aiguisé au contour noir, dont le manche est aussi rempli de noir, pourrait être moins inquiétant s'il n'était pas placé à côté d'une main tendue.

C'est le corps humain, principalement des morceaux de jambes, des mains et des crânes, qui est le point central de ces tableaux. Comme tous les autres objets, chacune de ses apparitions est distinctive, et ce de multiples façons. Par exemple, les doigts des mains sont écartés de manières différentes, les jambes en mouvement sont pliées en des angles divers. Malgré l'absence de muscles et de peau, les crânes, orientés dans différentes directions et dessinés avec ou sans orbites ou cavités nasales distinctes, semblent avoir des expressions faciales différentes (comme s'ils souriaient ou étaient angoissés, ou sans émotion).

Exactement comme lorsque vous considérez un acteur dans une variété de rôles en tant que même personne mais estimez le personnage dans le film que vous regardez comme unique.

En contemplant ces parties du corps, j'ai compris les raisons de la sensation de mouvement que j'avais ressentie : les jambes sont pliées au niveau du genou ou s'agitent la tête en bas, les mains sont en l'air, les doigts tendus dans une direction ou une autre, le tout représenté comme dans un maelström. Les photographes qui couvrent des événements sportifs ou un groupe de rock en concert doivent imaginer de telles poses pour être prêts un instant plus tard à capturer leurs « clichés gagnants », ceux que les rédacteurs voudront publier.

Destroy the source, 2017
Mixed media on canvas / Technique mixte sur toile
200 × 180 cm

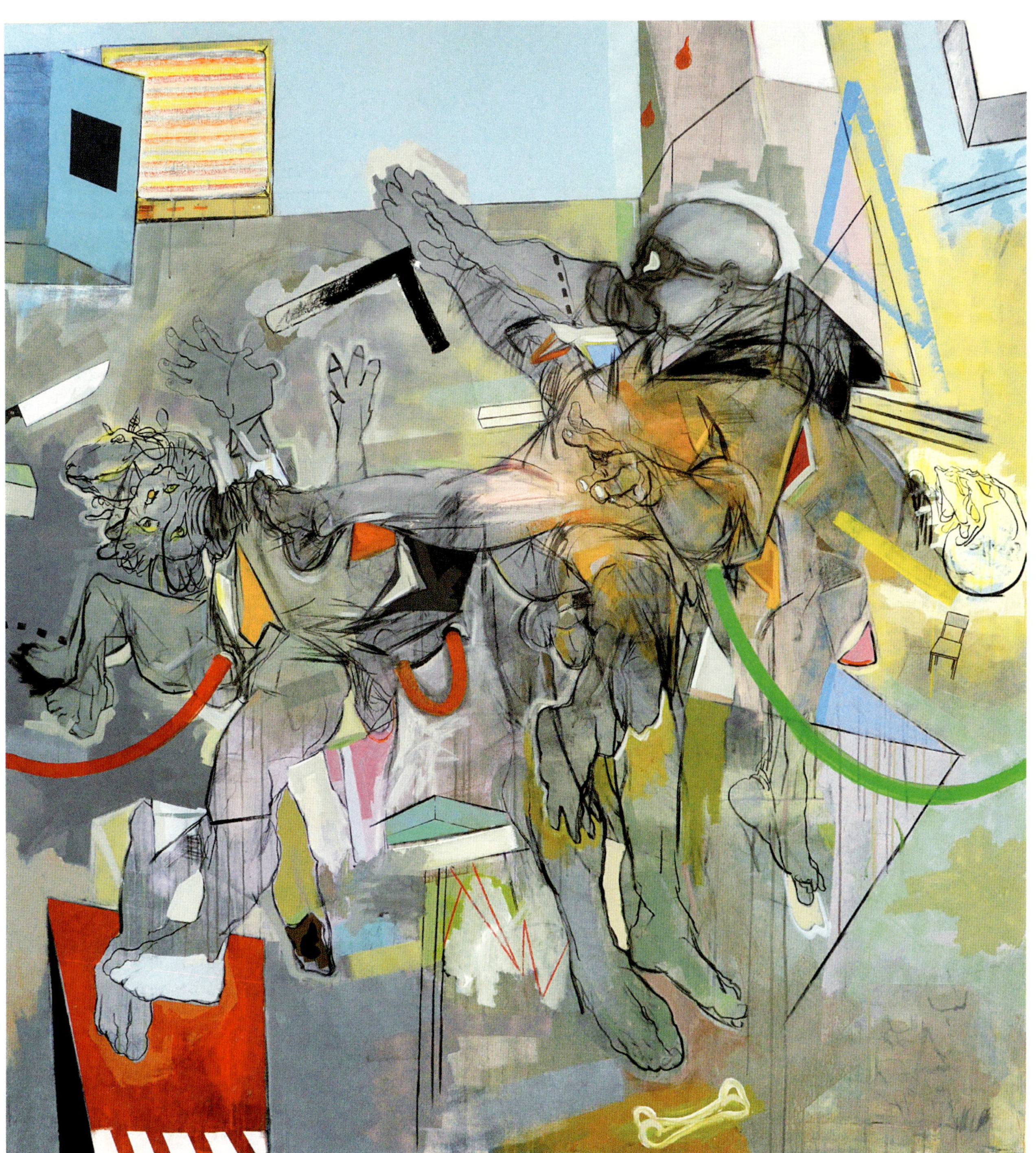

with the paintings throughout an entire afternoon and evening, I never contemplated their meaning. When we see something that is initially unintelligible, we usually try to make sense of it. Some part of me must have been working on that puzzlement, because when I awoke the next morning I had an idea of what the pictures were saying.

The notion that any communication — be it something you say to someone you love, post on social media, or write in a book chapter — has a single meaning, is itself meaningless. Receivers of messages interpret them, and occasionally their interpretation is not precisely what the sender intended. We all have all experienced this phenomenon when we realize someone took a remark literally, though we delivered it with tones of heavy sarcasm. I learned at rock concerts that some in the audience are only aware of the singer's tone of voice, others mainly listen to the rhythm, and still others, myself especially, attend most carefully to the lead guitarist, particularly the solos. Some focus on song titles, chorus lyric or all of the words as if they were listening to a poetry reading. Another set of primary messages are delivered by the band's visual presentation: their costumes or, more likely, music videos.

It was the morning before I first had the opportunity to speak with Thameur Mejri that I began to develop a tentative idea of what the paintings had meant to me. It didn't need to be more than that, since we were to speak about metal music (for which we shared a strong interest, let's call it fandom), not paintings. Metal, the music that served as a connection between myself and Thameur, is now a broad meta-term that covers many subgenres that have developed since its early days when it was known simply as 'heavy metal'.

My initial judgement of his work felt grounded when I found myself speaking with a thoughtful and sophisticated professor of art – far from the momentary image in my mind of a metalhead kid I had prepared myself to meet. He is a man rooted in his circumstances, in Tunisia (where the "Arab Spring" sprang), knowledgeable about the rich variety of great civilizations that invaded the area and shared their cultural achievements.

As a professor of sociology, I was especially pleased to learn from him that the great 14th-century Islamic historian Ibn Khaldun, whom many consider to have been the first sociologist, is widely known by the Tunisian people.

Contrairement à la plupart des peintres, Thameur a pris soin de ne pas aligner d'objets avec les bords droits de sa toile. Le sens du mouvement était-il aussi une absence de sens de la gravité dans les images elles-mêmes ? Vous êtes-vous déjà tenu sur le pont d'un bateau dans une mer très agitée ?

De même, l'artiste ne dirige pas vraiment le regard vers un élément ou une section de la toile. Au lieu de cela, les spectateurs sont libres de regarder partout et n'importe où, sans ordre particulier. Certains types de liberté peuvent cependant être déconcertants. Sans point focal ou d'ancrage, l'image donne une sensation étourdissante, telle celle expérimentée par une ballerine aux yeux bandés qui pirouette. Pourtant, c'est peut-être cette liberté rarement offerte qui m'a permis de rester captivée par les tableaux, et de m'y perdre.

RENCONTRER L'ARTISTE

Après le temps qui s'est écoulé entre le moment où j'ai vu les images pour la première fois et celui où j'ai reconnu ce que je voyais (ces multiplicités fascinantes), j'ai réalisé un autre glissement temporel. Durant toute une après-midi et une soirée au milieu des peintures, je n'ai jamais réfléchi à leur signification. Habituellement, lorsque nous voyons quelque chose qui est initialement inintelligible, nous essayons de lui donner un sens. De toute évidence, une partie de moi travaillait sur cette perplexité car lorsque je me suis réveillée le lendemain matin, j'avais une idée de la signification de ces images.

L'idée que toute communication – qu'il s'agisse de quelque chose que vous dites à quelqu'un que vous aimez, que vous publiez sur les réseaux sociaux ou que vous écrivez dans un chapitre de livre – a une signification unique, est en soi dénuée de sens. Les destinataires d'un message l'interprètent et, parfois, leur interprétation correspond précisément à l'intention de l'émetteur. Nous avons tous fait l'expérience de ce phénomène quand nous nous rendons compte que quelqu'un a pris une remarque au pied de la lettre, alors que nous l'avions formulée sur le ton du sarcasme. J'ai appris lors de concerts de rock que certains dans le public ne sont réceptifs qu'au ton de la voix du chanteur, d'autres écoutent surtout le rythme, et d'autres encore, moi en particulier, prêtent une attention toute particulière au guitariste principal, notamment aux solos. Certains se concentrent sur les titres des chansons, les paroles du refrain ou l'ensemble des mots comme s'ils écoutaient une lecture de poésie. Ils peuvent être sensibles à une autre série de messages primaires, ceux délivrés par les présentations visuelles du groupe : leurs tenues ou, plus probablement, leurs clips vidéo.

Untitled / Sans titre, 2013
Mixed media on canvas / Technique mixte sur toile
200 × 150 cm

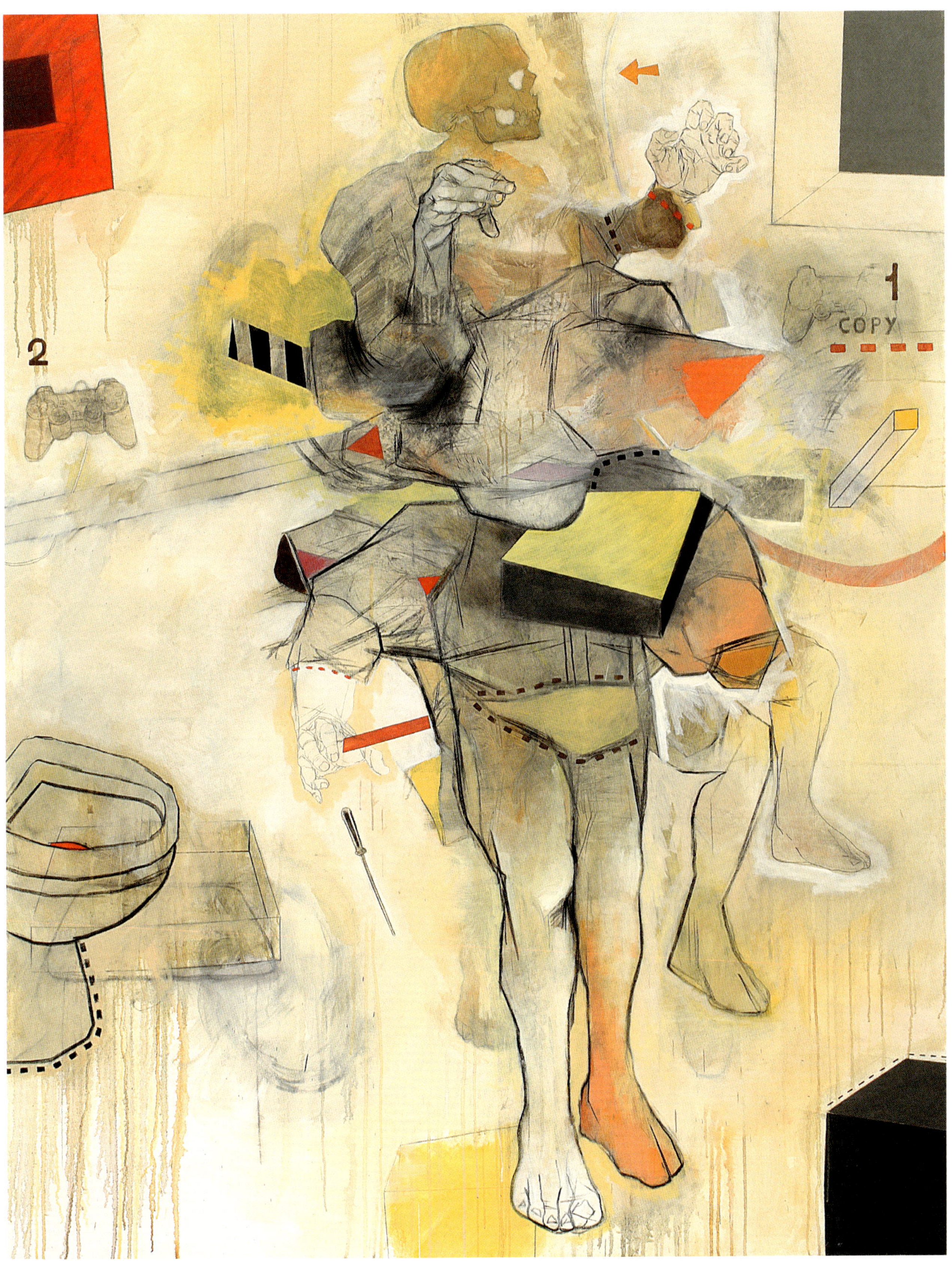

2
1
COPY

He also knew his current circumstances, beyond Tunisia, beyond the Mediterranean that bathes its shores. At home in both Arabic and French, but fluent in English, Thameur is a man of the world in the best sense of the term. And yes, also a metalhead.

METALHEAD AESTHETICS

What attracts Thameur most to a band is their lyrics. His musical tastes center on a style called nu metal, the most popular subgenre of metal from the mid-1990s until well into the current century. Even as nu metal's popularity waned, his favorite band, Slipknot, maintained its massive fan base which has spread globally. I wasn't surprised to discover that he was not the stereotype fan of his favorite metal bands. The fans themselves hardly fit the stereotypes themselves, especially once they are employed, have a family, and are no longer young adults. Those that I've met in the US, mainly at Slipknot concerts, are delightful, hyper-enthusiastic young men with energy levels to be envied.

Slipknot is a particularly well-packaged nine-man group that includes several percussionists and drummers, and a turntablist who provides scratches, a rap music conceit. Although fans know the band members' names, their numbers (1-9) are usually their identifiers. All wear orange jumpsuits with individualized and somewhat gruesome facemasks. Being recognized as an individual is important to the band's message. The lyrics are written by the band's singer, #8, Corey Taylor, whose shouted delivery is one of fierce anger. The songs focus on feelings — of emotional vulnerability, of being a victim of bullies, of growing up in a hostile environment. Unlike the traditional metal of the 1970s and 80s that mainly concentrated on unjust authorities (religion or state), nu metal is concerned with the impact of victimization, often on kids too young to defend themselves, who then feel like damaged goods.

Grunge preceded the start of nu metal by a year or so; as the USSR imploded, neoliberalism became the ideology of the West, and globalization by transnational conglomerates the new world power. Unlike the complaints of bands like Pearl Jam, Nirvana and Smashing Pumpkins, whose sorrowful vocals are punctuated with shouted angry outbursts, nu metal vocalists communicate anger more than sorrow, and do so with far more fury.

C'est le matin précédant ma première rencontre avec Thameur Mejri que j'ai commencé à me faire une idée de ce que les peintures représentaient pour moi. Il n'était pas nécessaire d'aller plus loin, puisque nous devions parler de musique metal (pour laquelle nous partagions un fort intérêt, appelons cela un « fandom »), et non de peintures. Le metal, la musique qui a servi de lien entre Thameur et moi, est aujourd'hui un vaste metaterme qui couvre de nombreux sous-genres qui se sont développés depuis ses débuts, lorsqu'il était simplement connu sous le nom de « heavy metal ».

Mon jugement initial sur son travail s'est confirmé lorsque je me suis retrouvée à parler avec un professeur d'art réfléchi et sophistiqué - loin de l'image momentanée que j'avais en tête d'un jeune métalleux que j'étais prête à rencontrer. C'est un homme ancré dans son milieu, en Tunisie (d'où est né le « Printemps arabe »), connaissant bien la riche variété des grandes civilisations qui ont envahi la région et partagé leurs réalisations culturelles. En tant que professeure de sociologie, j'ai été particulièrement heureuse d'apprendre de lui que le grand historien islamique du XIVe siècle, Ibn Khaldoun, que beaucoup considèrent comme le premier sociologue, est largement connu des Tunisiens.

Il connaissait également son actualité, au-delà de la Tunisie, au-delà de la Méditerranée qui baigne ses côtes. À l'aise aussi bien en arabe qu'en français, et parlant couramment l'anglais, Thameur est un homme du monde dans le meilleur sens du terme. Et oui, c'est aussi un métalleux.

ESTHÉTIQUE METAL

Ce qui attire le plus Thameur dans un groupe, ce sont ses paroles. Ses goûts musicaux sont centrés sur un style appelé nu metal, le sous-genre le plus populaire du metal depuis le milieu des années 1990 jusqu'à la fin du siècle dernier. Alors que la popularité du nu metal a diminué, son groupe préféré, Slipknot, a conservé sa base de fans massive qui s'est étendue au monde entier. Je n'ai pas été surprise de découvrir qu'il ne soit pas un stéréotype des fans de son groupe de metal préféré. Ces fans eux-mêmes ne correspondent pas non plus à ce stéréotype, surtout une fois qu'ils ont un bon emploi, une famille et ne sont plus de jeunes adultes. Ceux que j'ai rencontrés aux États-Unis, principalement lors de concerts de Slipknot, sont plutôt de charmants jeunes hommes hyperenthousiastes dont l'énergie est à envier.

Slipknot's music videos amplify the horror aesthetic of their face-masks with footage that resembles horror films; one even used scenes from "The Shining." These music videos on YouTube pushed the band's global impact. On stage, the band members perform acts of aggression, while their mainly male fans — referred to as "maggots" — enact their own aggression in the moshpit. A member of the band mentioned in an interview that 'maggots' is a metaphor for fans feeding on the pain in their songs so they can one day be transformed and fly away — in the same way that fans with depression or other issues may listen as a coping mechanism in the hope of finding relief and moving on. There is strong camaraderie between the band and their maggots, and among the fans, too.

Thameur's paintings can be seen to reflect Slipknot's horror and aggression. Yet each canvas stands alone as an energetic and alluring image. They are, however, more than this. Much more.

On our second call, when I had been asked to write on his art, not merely to meet with a musically interested artist, I learned a great deal about his method of working. "I never start from a sketch, but I start with an image in my mind. It is blurry for a few days. It is a project to start to project that image on the canvas."

Thameur names many of his paintings after a phrase in the lyrics or a song title by the bands we had spoken about. Even without knowing the artist's musical preferences, the three titles taken from Slipknot — "Disaster Pieces," "Destroy the Source," "In the Middle of the Monster" — are so appropriate to his images. The closer you look at them, the more fitting the titles become.

Do you play their music when you are painting? "Yes, it puts me in the mood."

He says color is crucial to his creation process. "When I start a new series, I choose the main colors...blues or reds." Asked if colors are emotional for him, he replied unequivocally, "Yes!". "Ah, atmosphere; it surrounds the scene. It is like music in a movie. It gives the atmosphere. It will amplify the impact of the scene. I use color like music in movies, to emphasize what I put in my work." He often uses spray cans of paint "to make something disappear." This editing as he goes along shows that he

Slipknot est un groupe particulièrement bien formé de neuf membres, qui comprend plusieurs percussionnistes et batteurs, ainsi qu'un platiniste fournissant des scratches, un concept de la musique rap. Bien que les fans connaissent les noms des membres du groupe, leurs numéros (allant de 1 à 9) servent généralement à les identifier. Tous portent des combinaisons orange avec des masques individuels quelque peu horribles. Le fait d'être reconnu en tant qu'individu est important pour le message du groupe. Les paroles sont écrites par le chanteur, Corey Taylor (8), dont le cri est empreint d'une colère féroce. Les chansons sont axées sur les sentiments – la vulnérabilité émotionnelle, le fait d'être victime d'intimidation, le fait de grandir dans un environnement hostile. Contrairement au metal traditionnel des années 1970 et 1980 qui se concentrait principalement sur les autorités injustes (religion ou État), le nu metal s'intéresse à l'impact de la victimisation, souvent sur des enfants trop jeunes pour se défendre, qui se sentent comme des marchandises endommagées.

Le grunge a précédé les débuts du nu metal d'environ un an, alors que l'URSS implosait, que le néolibéralisme devenait l'idéologie de l'Occident et que la mondialisation par les conglomérats transnationaux était la nouvelle puissance mondiale. Contrairement aux plaintes de groupes comme Pearl Jam, Nirvana et Smashing Pumpkins dont le chant triste est parfois ponctué d'éclats de rage, les chanteurs de nu metal communiquent davantage la colère que le chagrin, et le font avec beaucoup plus de fureur.

Les vidéoclips de Slipknot amplifient l'esthétique horrifique de leurs masques faciaux avec des séquences qui ressemblent à des films d'horreur; l'un d'eux utilise même des scènes du film *Shining*. Ces clips diffusés sur YouTube ont renforcé l'impact mondial du groupe. Sur scène, les membres du groupe reproduisent des actes d'agression, tandis que leurs fans – principalement masculins et appelés « asticots » – s'agressent mutuellement dans le mosh pit. Un membre du groupe a mentionné dans une interview que les « asticots » sont une métaphore pour les fans qui se nourrissent de la douleur dans leurs chansons afin d'être un jour transformés et de s'envoler – de la même manière que les fans souffrant de dépression ou d'autres problèmes peuvent les écouter comme un mécanisme d'adaptation dans l'espoir de trouver un soulagement et d'aller de l'avant. Il existe une forte camaraderie entre le groupe et ses « asticots », et entre les fans également. On peut considérer que les peintures de Thameur reflètent l'horreur et l'agressivité de Slipknot. Pourtant, chaque toile se suffit à elle-même comme une

doesn't have a fully pre-conceived vision; that is, he also works in the moment.

Movies employ other devices in addition to music, like camera angles and lighting, to enhance emotionality. So does Thameur. Some of his other creative decisions concern selecting particular images and shapes, their relative size to one another, and where and how to place them.

ART AS PHILOSOPHY / PHILOSOPHY AS ART

Each time you look at Thameur's paintings, and each deserves repeated views, more of these mesmerizing multiplicities emerge. Even the sizes of his canvases, all very large, have a variety of dimensions.

Patiently, he responded to my queries about the import of several of the multiplicities. When we came to skulls, I confidently said they represented death. I was gently corrected: they are other people, but he doesn't want to show their faces. He adds, with a smile in his voice, that for him (as for me) skulls are also familiar metal iconography. Why paint only body parts? "Incomplete reality," he responds, "you don't have to show everything." "There is something missing, something outside the canvas. Showing the part is like zooming into a picture — movies do that now, but that wasn't the traditional mode."

He helped me understand all of those "sticks." They are "like swords" and he adds that those legs, men's legs, were in military garb. Although none of my misunderstandings spoiled my original interpretation, I admired the fit between his art and nu-metal.

It isn't by accident that nothing in the paintings is aligned with the canvas's edges, or with other objects either. The composition of each of his paintings is, as he says, "on purpose." Indeed, they are very well thought out.

When I asked about those rectangular sharp-edged pieces ("tapes"), he responded: "Geometric forms have no identity in them, no history." He then adds, with some contempt: "They represent the rational."

Given that rationality is understood as the opposite of emotionality, the antithesis of passion, his attitude well fits both

image énergique et séduisante. Elles sont, cependant, plus que cela. Beaucoup plus.

Lors de notre deuxième appel, alors qu'on m'avait demandé d'écrire sur son art, et pas seulement de rencontrer un artiste intéressé par la musique, j'ai beaucoup appris sur sa méthode de travail. « Je ne pars jamais d'une esquisse, mais je commence avec une image dans mon esprit. Elle est floue pendant quelques jours. C'est un projet que de commencer à projeter cette image sur la toile. »

Thameur nomme beaucoup de ses tableaux d'après les paroles ou le titre d'une chanson du groupe dont nous avons parlé. Même sans connaître les préférences musicales de l'artiste, les trois titres tirés de Slipknot – *Disaster pieces*, *Destroy the source* et *In the middle of the monster*, sont si appropriés à ses images. Plus vous les regardez de près, plus les titres semblent pertinents.

Écoute-t-il leur musique lorsqu'il peint ? « Oui, ça me met dans l'ambiance. »

Il dit que la couleur est cruciale dans son processus de création. « Quand je commence une nouvelle série, je choisis les couleurs principales… des bleus ou des rouges. » Lorsqu'on lui demande si les couleurs ont un rôle émotionnel pour lui, sa réponse est sans équivoque : « Oui ! […] Ah, l'atmosphère ; elle entoure la scène. C'est comme la musique dans un film. Elle donne l'atmosphère. Elle va amplifier l'impact de la scène. J'utilise la couleur comme la musique dans les films, elle met en valeur ce que je mets dans mon travail. » Il utilise souvent des bombes de peinture « pour faire disparaître quelque chose ». Ce montage au fur et à mesure prouve qu'il n'a pas une vision totalement préconçue, c'est-à-dire qu'il travaille aussi dans l'instant.

Les films utilisent d'autres dispositifs en plus de la musique, comme les angles de caméra et l'éclairage, pour renforcer l'émotion. Thameur fait de même. Certaines de ses autres décisions créatives concernent la sélection d'images et de formes particulières, leur taille relative les unes par rapport aux autres, ainsi que l'endroit et la manière de les placer.

L'ART COMME PHILOSOPHIE / LA PHILOSOPHIE COMME ART

À chaque fois que l'on observe les tableaux de Thameur Mejri – et chacun mérite d'être vu plusieurs fois –, apparaissent de

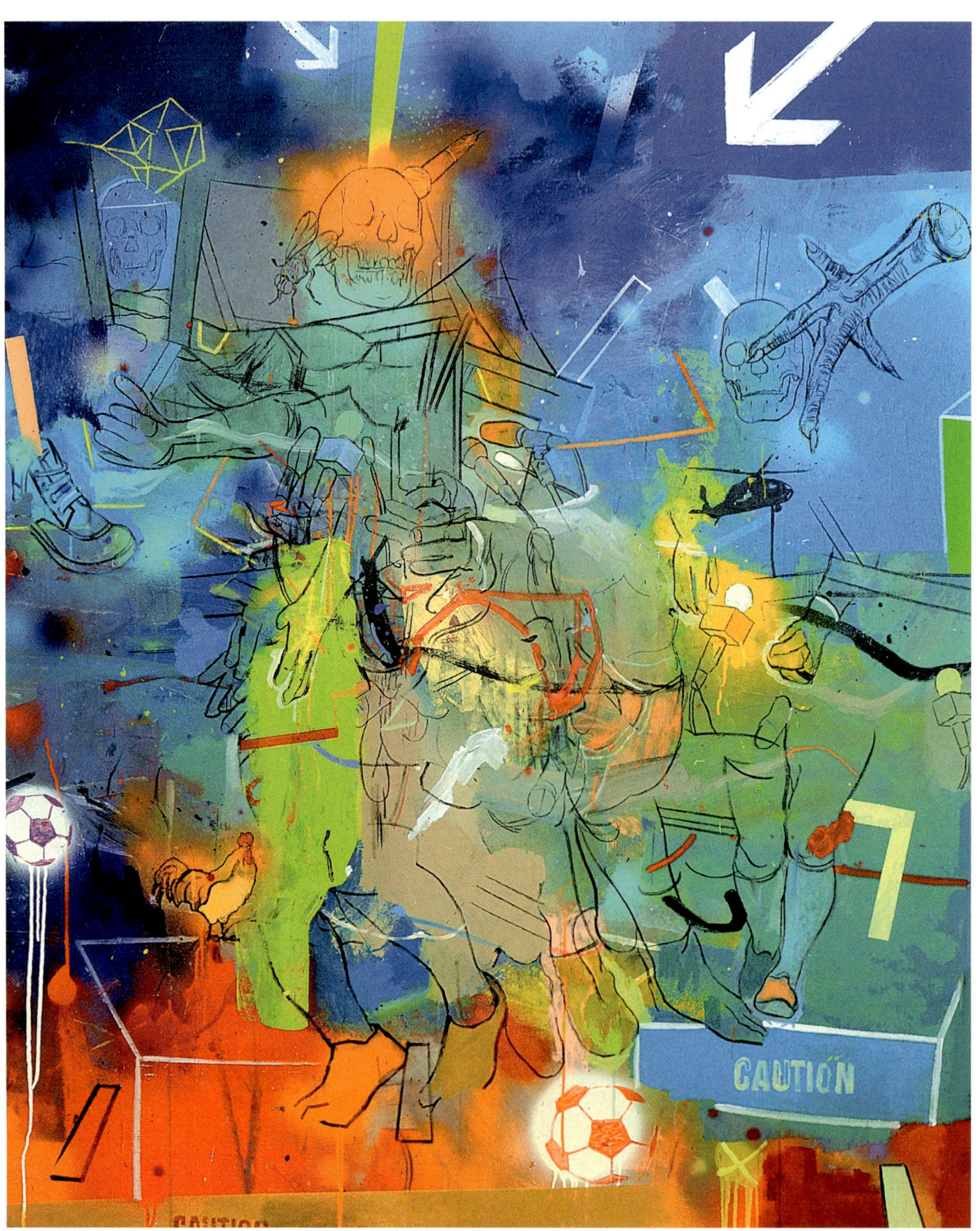

In the middle of the monster, 2020
Acrylic, charcoal and oil stick on canvas / Acrylique, fusain et pastel sur toile
180 × 150 cm

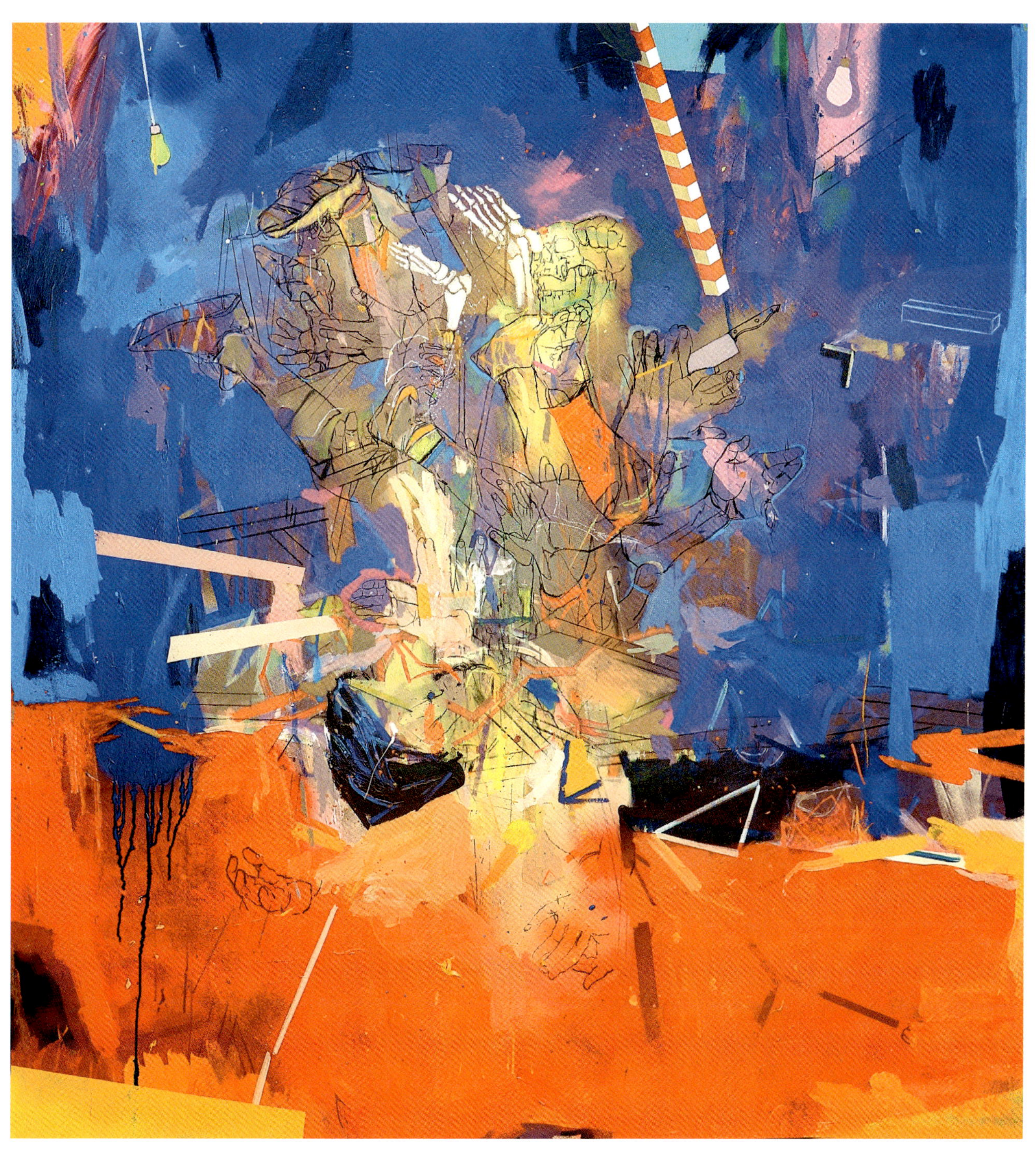

Wherein lies continue, 2020
Acrylic, charcoal and oil stick on canvas / Acrylique, fusain et pastel sur toile
200 × 180 cm

the art he creates, the music he likes, and his passion as a painter. The anger expressed by the nu metal bands and their fans, and the mayhem of the paintings themselves, are emotional, non-rational expressions.

When I ask about the sheep, the fly and the light bulb, he smiled. Those one-off objects are painted to "try to deactivate the order." They are there against meaning; "each meaning is a perfection of an ideology. It's like what Deleuze said about language: it doesn't give information, it gives order, commandments." More will be said about Gilles Deleuze below, but at this point I recognized that I was not only speaking with a fine artist and a metal fan, but a philosophically aware thinker who shares my esteem for that author.

Thameur's aim is to prevent the viewer from seeing all the parts of his painting as a cohesive whole. To this end, he notes that he is "careful not to direct the viewer's eye, on purpose. It is as if to say that there is no one point of view, there is no one angle to reality, to a situation." Instead of dominating the viewer, he prefers "to push people to look in different places, to change the direction of their eyes, not to really focus on one thing. There is no one direction. There are multiple directions and interpretations and points of view." He is decidedly not an artist who wants to dominate his viewers. Rather, he would like them to make their own interpretations of his work and he uses several strategies to encourage them to do so. He is a man with a mission – an artist with a philosophically informed mission.

There is no one way to view Thameur's work, no one perspective that they require. The paintings could be appreciated in a purely aesthetic sense — the mesmerizing multiplicities giving a sense of exhilarating movement. Alternatively, they can be appreciated by recognizing how breathtakingly well they all correlate with the emotional power of nu metal. They especially display Slipknot's cultural world view, one that is shared so vigorously by their ardent fans. Another way of seeing his artwork is through its message against domination. It is not any particular image, color, or other singular feature that carries that position. Instead, it is embedded in the paintings by the artist's carefully thought-out methods. In a real sense, these works are teaching people not to be taken in by ideology. They are, in a way, training devices whose purpose is the opposite of so many video games, those that teach people to hunt, humiliate and attack others.

nouvelles multiplicités envoûtantes. Même les tailles de ses toiles, toutes très grandes, présentent une variété de dimensions.

Patiemment, il a répondu à mes questions sur l'importance de plusieurs de ces multiplicités. Lorsque nous en sommes venus aux crânes, j'ai dit avec assurance qu'ils représentaient la mort. J'ai été gentiment corrigée : ce sont d'autres personnes, mais il ne veut pas montrer leurs visages. Il ajoute, avec un sourire dans la voix, que pour lui (comme pour moi) les crânes sont aussi une iconographie familière du metal. Pourquoi ne peindre que des parties du corps ? « La réalité incomplète. », répond-il. « On n'est pas obligé de tout montrer. », « Il y a quelque chose qui manque, quelque chose en dehors de la toile. Montrer la partie, c'est comme zoomer dans une image – les films le font maintenant, mais ce n'était pas le mode traditionnel. »

Il m'a aidée à comprendre tous ces « bâtons ». Ils sont « comme des épées » et il ajoute que ces jambes, des jambes d'hommes, sont en tenue militaire. Bien qu'aucun de mes malentendus n'ait gâché mon interprétation initiale, j'ai admiré l'adéquation entre son art et le nu metal.

Ce n'est pas par hasard que rien dans ses tableaux n'est aligné avec les bords de la toile, ni avec d'autres objets d'ailleurs. La composition de chacune de ses œuvres est, comme il le dit, « intentionnelle ». En effet, elle est très bien pensée.

Lorsque je l'ai interrogé sur ces pièces rectangulaires aux bords tranchants (« rubans »), il a répondu : « Les formes géométriques n'ont pas d'identité en elles, pas d'histoire. » Il ajoute ensuite, avec un certain mépris : « Elles représentent le rationnel. »

Étant donné que la rationalité est comprise comme le contraire de l'émotivité, l'antithèse de la passion, son attitude correspond bien à la fois à l'art qu'il crée, à la musique qu'il aime et à sa passion de peintre. La colère exprimée par les groupes de nu metal et leurs fans – et le chaos des peintures elles-mêmes – sont des expressions émotionnelles, non rationnelles.

Lorsque je l'interroge sur le mouton, la mouche et l'ampoule électrique, il sourit. Ces objets uniques sont peints pour « essayer de désactiver l'ordre ». Ils sont là contre le sens ; « chaque sens est la perfection d'une idéologie. C'est comme ce que Deleuze disait du langage : il ne donne pas d'information, il donne un ordre, des commandements. » Nous reviendrons plus loin sur Gilles Deleuze, mais

These three different understandings are not antithetical, nor do they exhaust the possible analyses. Let me add one more, best seen as two intimately related appreciations of the art.

Both profitably argue for an understanding of the paintings as illustrations of Deleuze's philosophy. The French postmodernist's ideas follow on from those like Henri Bergson who see our being as always in a state of becoming, always in motion. He too argues that there are no absolutes, no one perspective from which to dominate others. In *Qu'est-ce que la philosophie? (What is Philosophy?)* a book written with psychoanalyst Félix Guattari, its title is answered by Deleuze with the assertion that philosophy creates concepts. Art's goal, on the other hand, is to make affect. Both Deleuze and Thameur have well performed the mission of their respective fields.

Deleuze's writings have redirected our mind's eye in numerous directions, to areas including art, politics, economics, and of course, philosophy. The common denominator of his ideas is motion. Groupings, such as identities, people, and companies, are not fixed, not static; they are always in states of becoming. We are changed by connections. Some we have sought out, others have connected to us. The trajectories of these flows are never in straight lines or conform to some storyline. Rather, they are rhizomatic, resembling the ways in which underground stems of plants like those of my forsythia bush seek out areas in which to put down roots and push up shoots. Throughout his career, Deleuze lived up to the requirements of his role as a philosopher, as he stated them in *What is Philosophy?*, in which he described a series of related and complex concepts. Many of these concepts – assemblages, rhizomes, machines, flows, multiplicities and folds – are all integral in the decisions taken by Thameur when constructing his paintings.

Using art to teach philosophy and philosophy to understand art is not new. In Catholic cathedrals, stained-glass windows reinforce the Bible stories taught by priests. Children's books provide pictures to pre-literate youngsters while they listen to their parents read the story. And bands publish music videos for the way that most fans consume popular music since YouTube became the dominant mediator of music. Feelings and ideas, conveyed by sounds, visuals, and words, can reinforce one another. Which one is primary, whether for emotional response or intellectual understanding, is based on a person's penchant and/or choice. I can easily imagine a gallery

à ce moment-là, j'ai compris que je ne parlais pas seulement avec un artiste et un fan de metal, mais aussi avec un penseur éveillé à la philosophie qui partageait mon estime pour cet auteur.

L'objectif de Thameur est d'empêcher le spectateur de voir toutes les parties de son tableau comme un tout cohérent. À cette fin, il note qu'il « prend soin de ne pas diriger l'œil du spectateur, à dessein ». C'est comme s'il voulait dire qu'il n'y a pas un seul point de vue, qu'il n'y a pas un seul angle à la réalité, à une situation. Au lieu de dominer le spectateur, il préfère « pousser les gens à regarder à différents endroits, à changer la direction de leurs yeux, à ne pas vraiment se concentrer sur une seule chose. Il n'y a pas une seule direction. Il y a de multiples directions, interprétations et points de vue. » Il n'est décidément pas un artiste qui veut dominer ses spectateurs. Il souhaite plutôt qu'ils tirent leurs propres interprétations de son travail et il utilise plusieurs stratégies pour les encourager à le faire. C'est un homme avec un objectif – un artiste avec une mission philosophiquement informée.

Il n'y a pas une seule façon de voir les œuvres de Thameur, pas une seule perspective qu'elles requièrent. Les peintures peuvent être appréciées d'un point de vue purement esthétique – les multiplicités hypnotiques donnant une impression de mouvement exaltant. On peut aussi les apprécier en constatant à quel point elles correspondent toutes, et de façon époustouflante, à la puissance émotionnelle du nu metal. Elles illustrent tout particulièrement la vision culturelle du monde de Slipknot, qui est partagée avec vigueur par ses fervents admirateurs. Il y a une autre façon de voir son œuvre – à travers son message contre la domination. Ce n'est pas une image, une couleur ou un autre élément particulier qui véhicule cette position. Au contraire, elle est intégrée dans les peintures par les méthodes soigneusement étudiées et employées par l'artiste. Dans un sens réel, ces œuvres d'art apprennent à ceux qui les regardent à ne pas se laisser prendre par l'idéologie. Ce sont, en quelque sorte, des dispositifs de formation dont l'objectif est à l'opposé de tant de jeux vidéo, ceux qui enseignent aux joueurs à chasser, humilier et attaquer les autres.

Ces trois compréhensions différentes ne sont pas du tout antithétiques les unes des autres. Elles n'épuisent pas non plus toutes les analyses possibles. Permettez-moi d'en ajouter d'autres, qu'il vaut mieux considérer comme deux appréciations intimement liées de l'art.

Untitled / Sans titre *(It's all a front)*, 2018
Pencil, charcoal and acrylic on canavas / Crayon, fusain et acrylique sur toile
160 × 150 cm

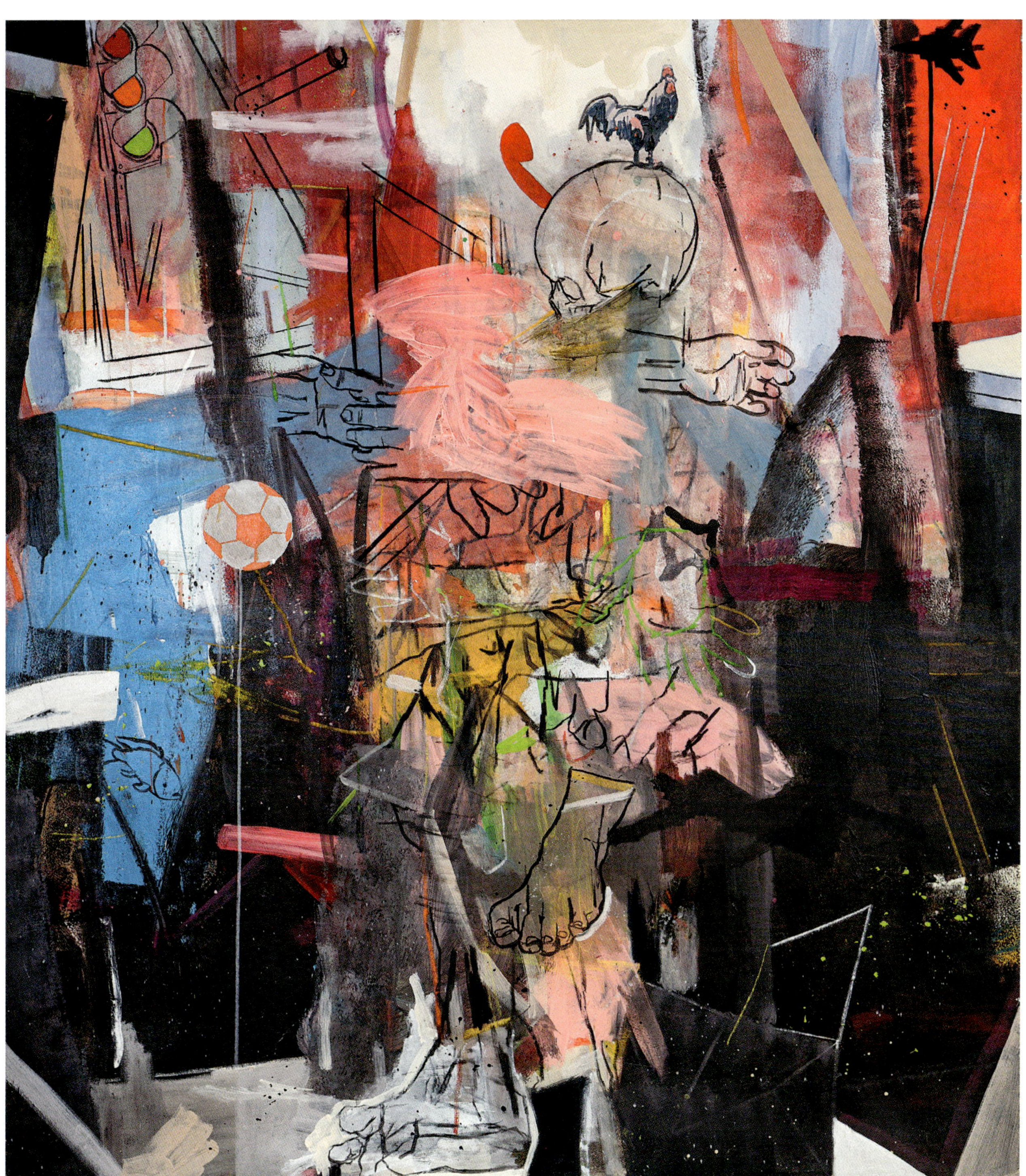

showing Thameur's works with extensive wall text explaining the Deleuzean concepts, or with the gallery's sound-system playing Slipknot as people examine his art.

AUTO-SUBJECTIVITIES

My original interpretation, formed a few hours before first speaking with Thameur, was maintained over the course of our conversations. In short, I saw his canvases as a profoundly new take on the centuries-old practice of self-portrait painting. Starting in the Renaissance with Dürer, and followed by Titian, Caravaggio, Rembrandt, up to our own time, most of the greatest artists have served as their own models. Some of their self-portraits offer a glimpse of the psychology of their creator, such as those by Rembrandt, Van Gogh, and Lucian Freud. Most, however, depict their understanding of their social selves, typically as an artist, like those by Velázquez and Norman Rockwell. More recently, their take is of the artist as a celebrity. With Thameur's paintings, we have a radical new way of presenting an intimate psychological self-portrait. It is one where the mirror, so crucial to previous practitioners before the use of photography, is unnecessary.

His self-portraits are best called "auto-subjectivities." They bring into visibility emotional sunlight and dark shade folding into inner vitalism. The paintings reveal the assemblages, an ever-changing being that is always a becoming, with their flows and chromatics of felt experience. His art seems to point to where boundaries of the social-self dissolve, leaving us with what we really are, namely bundles, flows and intensities of sense experience.

Beyond displaying artistic skill, great imagination, and philosophical sophistication, Thameur's innovative body of work shows that he has indeed followed that Socratic injunction required by a Deleuzean self-portrait, to "know thyself." His postmodern take is a game changer.

Toutes deux plaident avec succès pour une compréhension des peintures comme illustrations de la philosophie de Deleuze. Les idées du postmoderniste français s'inspirent de celles d'Henri Bergson, qui considère que notre être est toujours en devenir, toujours en mouvement. Lui aussi affirme qu'il n'y a pas d'absolu, pas de perspective unique à partir de laquelle dominer les autres. Dans le livre *Qu'est-ce que la philosophie?*, écrit avec le psychanalyste Félix Guattari, Deleuze répond au titre en affirmant que la philosophie crée des concepts. Le but de l'art, en revanche, est de créer des affects. Deleuze et Thameur ont tous deux bien rempli la mission dans leurs domaines respectifs.

Les écrits de Deleuze ont redirigé le regard de notre esprit dans de nombreuses directions, vers des domaines tels que l'art, la politique, l'économie et, bien sûr, la philosophie. Le dénominateur commun de ses idées est celui du mouvement. Les types de groupements, tels que les identités, les personnes et les entreprises, ne sont pas fixes, ni statiques ; ils sont toujours en devenir. Nous sommes changés par les connexions, certaines que nous avons recherchées, d'autres qui se sont connectées à nous. Les trajectoires de ces flux ne sont jamais en ligne droite ou ne se confirment pas dans un scénario. Elles sont plutôt rhizomiques, ressemblant à la manière dont les tiges souterraines des plantes, comme celles de mon buisson de forsythia, cherchant des zones où s'enraciner et pousser. Tout au long de sa carrière, Deleuze s'est montré à la hauteur des exigences du rôle de philosophe, telles qu'énoncées dans *Qu'est-ce que la philosophie?* où il décrivit une série de concepts connexes et complexes. Nombre de ces concepts – assemblages, rhizomes, machines, flux, multiplicités et plis – font partie intégrante des décisions prises par Thameur lors de la construction de ses tableaux.

Utiliser l'art pour enseigner la philosophie et la philosophie pour comprendre l'art n'est pas une invention nouvelle. Dans les cathédrales catholiques, les vitraux renforcent les histoires bibliques enseignées par les prêtres. Les livres pour enfants fournissent des images aux jeunes qui ne sont pas encore alphabétisés pendant qu'ils écoutent leurs parents lire l'histoire. Et les groupes réalisent des clips vidéo en conformité avec la façon dont la plupart des fans consomment la musique populaire, depuis que YouTube est devenu le médiateur dominant de la musique. Les sentiments et les idées, véhiculés par des sons, des visuels et des mots, peuvent se renforcer mutuellement. Celui qui prévaut, que ce soit pour une réponse émotionnelle ou pour une compréhension intellectuelle, dépend du penchant et/ou du choix de la personne. Je peux facilement

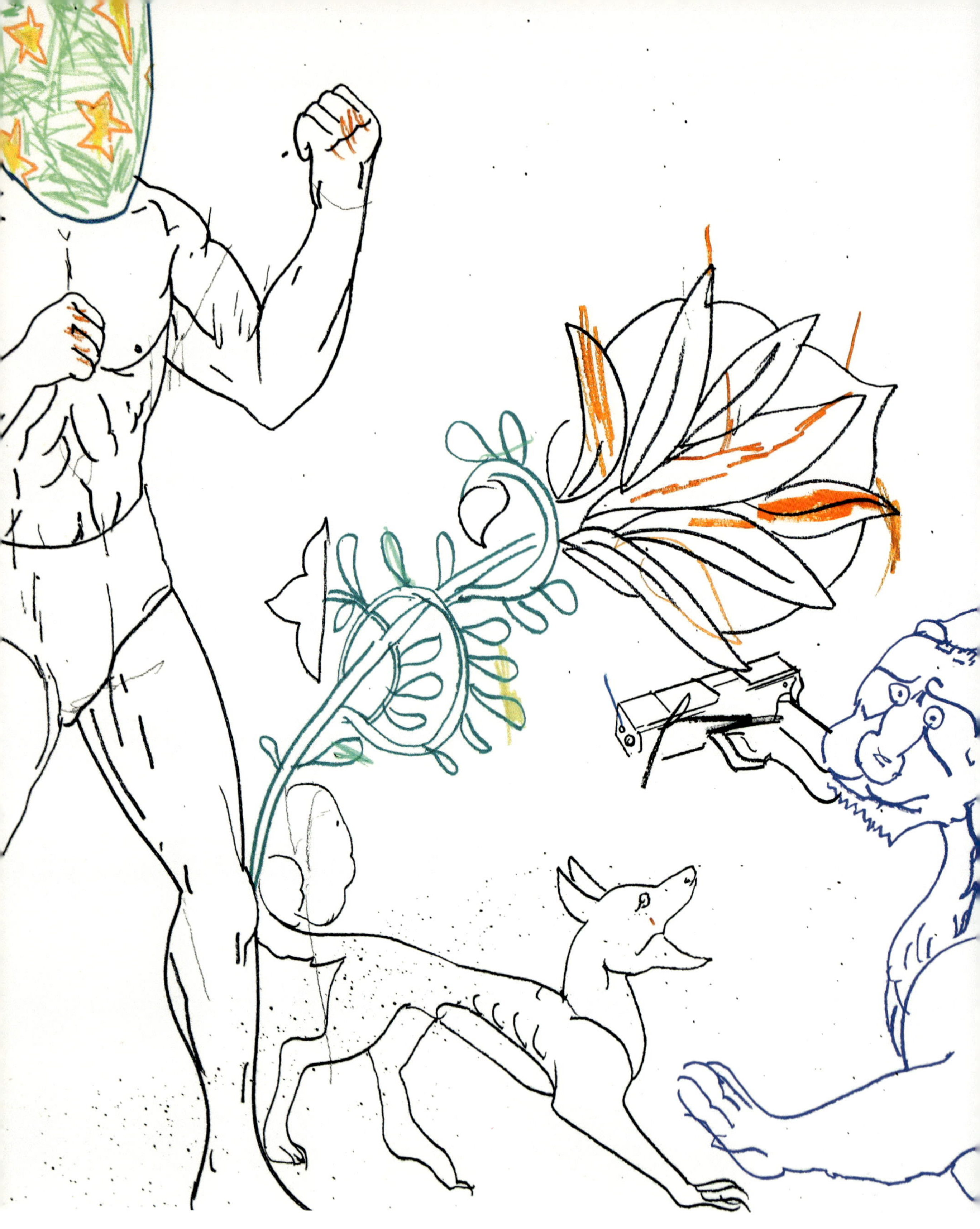

Detail, extension on the wall of the artwork *I Love U No.2*, 2021 created on the occasion of the exhibition *States of Exception*, 2021, B7L9 Art Station, Bhar Lazreg - Tunis, Tunisia

Détail, continuation sur mur de l'œuvre *I Love U No.2*, 2021 créée lors de l'exposition *States of Exception*, 2021, B7L9 Art Station, Bhar Lazreg - Tunis, Tunisie

imaginer une galerie exposant les œuvres de Thameur avec un long texte mural expliquant les concepts deleuziens, ou avec un système de sonorisation jouant du Slipknot pendant que les visiteurs examinent son art.

AUTO SUBJECTIVITÉS

Mon interprétation originale, formée quelques heures avant de parler pour la première fois avec Thameur, a conservé son intégrité au cours de nos conversations. En bref, j'ai vu ses toiles comme une approche profondément nouvelle de la pratique séculaire de l'autoportrait. Depuis la Renaissance avec Dürer, puis avec Titien, Caravage, Rembrandt, jusqu'à notre époque, la plupart des plus grands artistes ont servi de modèle à leurs propres œuvres. Certains de leurs autoportraits offrent un aperçu de la psychologie de leur créateur, comme ceux de Rembrandt, Van Gogh et Lucian Freud. La plupart, cependant, tendent à dépeindre leur compréhension de leur moi social, typiquement en tant qu'artiste, comme Vélasquez et Norman Rockwell. Plus récemment, leur vision de l'artiste est celle d'une célébrité. Avec les peintures de Thameur, nous avons une manière radicalement nouvelle de présenter un autoportrait psychologique intime. Le miroir, si crucial pour les praticiens précédents avant l'utilisation de la photographie, n'est plus nécessaire.

Ses autoportraits peuvent être qualifiés d'« auto subjectivités ». Ils mettent en évidence la lumière et l'ombre émotionnelles qui se fondent dans le vitalisme intérieur. Les peintures – avec leurs flux et leurs chromatismes d'expérience ressentie – révèlent des assemblages, un être en constante évolution qui est toujours un devenir. Son art semble indiquer l'endroit où les frontières du moi social se dissolvent, nous laissant avec ce que nous sommes vraiment, à savoir des paquets, des flux et des intensités d'expérience sensorielle.

Au-delà de la démonstration d'un talent artistique, d'une grande imagination et d'une sophistication philosophique, l'ensemble des œuvres innovantes de Thameur Mejri montre qu'il a effectivement suivi cette injonction socratique requise par un autoportrait deleuzien : « Connais-toi toi-même. » Sa vision postmoderne change la donne.

The state of exception

Matthieu Lelièvre
Curator of the exhibition

The exhibition focuses on the practice of painting as production, object, and function, and unfolds in three distinct and permeable sections. Visitors first enter a deconstructed space, composed of three large works created on-site at B7L9, in acrylic and charcoal on sailboat canvases. Moving on from framed canvas in his recent artistic research, Thameur Mejri has begun to explore other formats and materials. These large canvases allow his gesture and his artistic vocabulary to be matched to the dimensions of the building, and even embrace the codes of an installation.

The second section presents a classic hanging that recreates the conditions of the white cube and tests the impact of the political pretensions of painting that is often reduced to its decorative and commercial character. A low hanging allows viewers to immerse themselves in these highly charged compositions, while appreciating an artistic practice founded on a dialectic searching for a balance between the power of color and the precision of drawing.

The third space is conceived as the eye of the hurricane and allegorically recreates the artist's studio. In this place of study, exploration and experimentation, where influences and ideas intersect, viewers can immerse themselves in the process of reflection and the development of the creative gesture. The artist's thinking is seen to rely on drawing, video and gesture.

The exhibition *States of Exception* focuses on painting, a historical and fundamental artistic medium in the history of art, particularly in Tunisia, while constituting a composite and polymorphic space of expression and action with which visitors engage both physically and mentally. Together, the works deconstruct the nature of violence and resistance that lie both within and outside the law. Mejri's works draw on the pictorial tradition of emotion through the

L'état d'exception

Matthieu Lelièvre
Commissaire de l'exposition

Le parcours de l'exposition s'intéresse à la pratique de la peinture en tant que production, objet et fonction, il se déploie en trois sections distinctes et perméables. Les visiteurs pénètrent tout d'abord dans un espace déconstruit, composé de trois grandes œuvres réalisées sur place à la station B7L9, à l'acrylique et au fusain sur des toiles de voilier. Débordant ces derniers mois le format de la toile sur châssis dans ses recherches artistiques les plus récentes, Thameur Mejri a commencé à explorer d'autres formats et matériaux. Ces grandes toiles permettent à son geste et à son vocabulaire artistique de se mesurer aux dimensions de l'architecture, et vont jusqu'à adopter les codes de l'installation.

La seconde section présente un accrochage classique qui recrée les conditions du *white cube* et teste l'impact des prétentions politiques de la peinture souvent réduite à son caractère décoratif et commercial. Un accrochage assez bas permet aux spectateurs de s'immerger dans les compositions en tension, tout en appréciant une pratique artistique qui repose sur une dialectique à la recherche d'un équilibre entre la force de la couleur et la précision du dessin.

Le troisième espace est pensé comme l'œil du cyclone et reconstitue de façon allégorique l'atelier de l'artiste. En pénétrant dans cette zone de recherche, d'exploration et de tests, où se croisent les influences et les idées, le spectateur peut plonger dans le processus de réflexion et la formation du geste créateur. Le dessin, la vidéo et le geste se révèlent comme les éléments de support de cette pensée foisonnante mise à nue.

L'exposition *States of Exception* s'intéresse à la peinture, médium artistique historique et fondamental de l'histoire de l'art, en particulier en Tunisie, tout en constituant un espace composite et polymorphe d'expressions et d'actions dans lequel les corps des visiteurs s'engagent tant physiquement que mentalement. Ensemble, ils déconstruisent la nature de la violence et de la

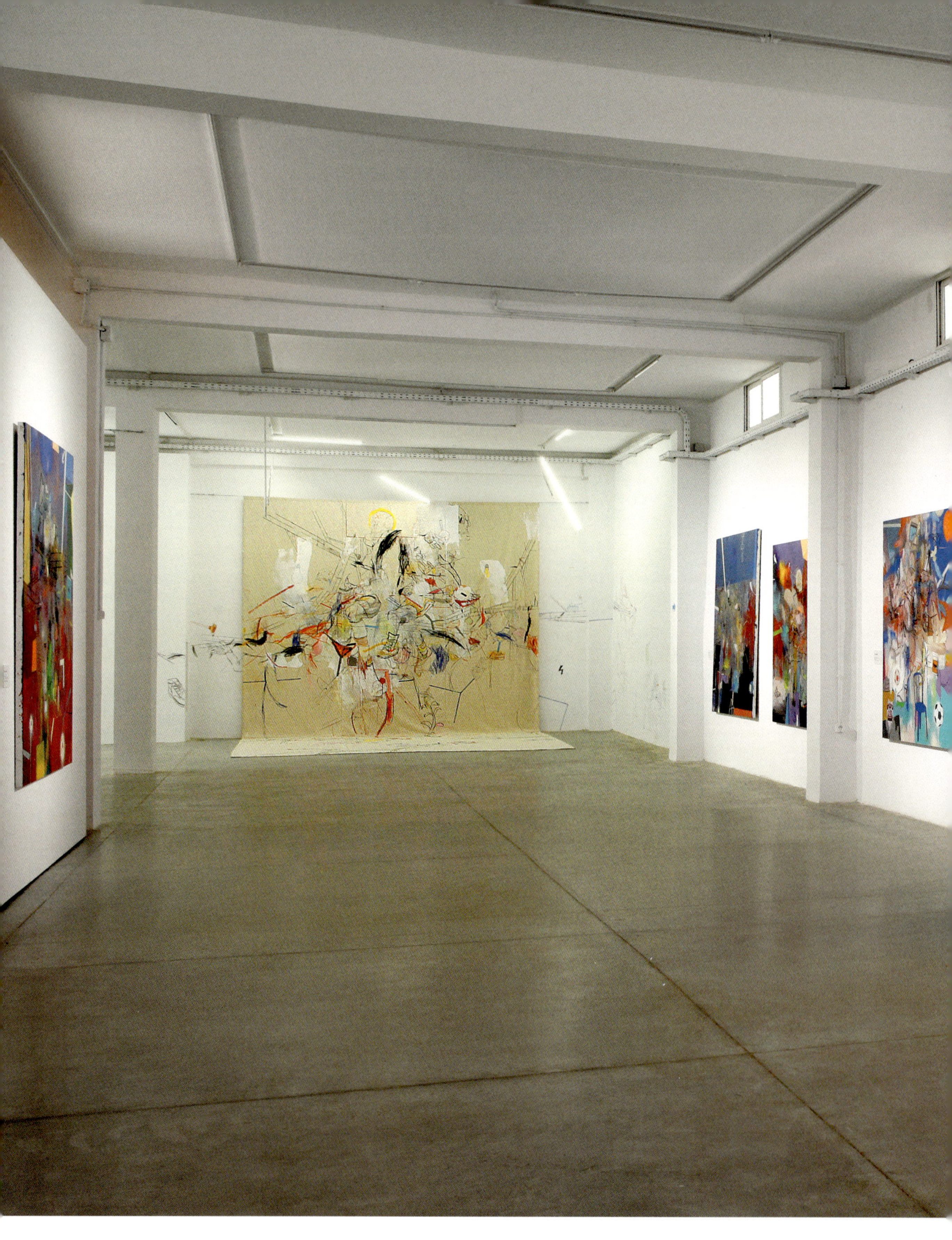

Exhibition view / Vue d'exposition,
States of Exception, 2021,
B7L9 Art Station, Bhar Lazreg - Tunis, Tunisia / Tunisie

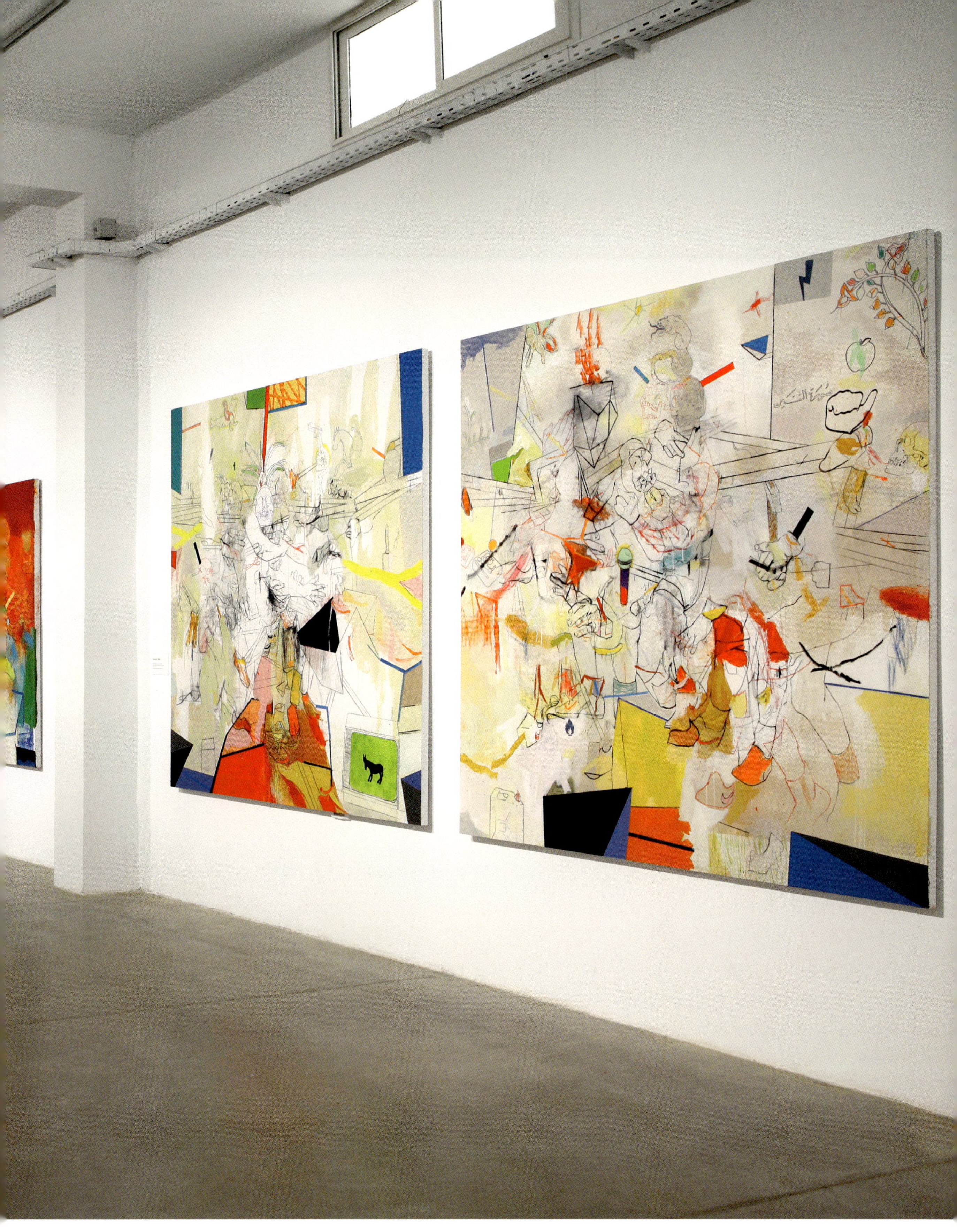

use of color applied in large, flat tints. Against these colored forms emerge anodyne, everyday, sometimes disturbing objects placed in relationship in complex and dense compositions. These constellations seem to take the form of rebuses that compose as many universes to be decoded as there are viewers to assign them meaning. Fragments of highly charged bodies, insignificant but sometimes threatening objects, cameras, and symbols of authority and consumerism are seen as weapons, which, combined, seem to have the power to denounce, attack or defend. With these elements and symbols, grouped in the form of metaphors and subconscious signals, the artist seeks to describe certain relations symptomatic of contemporary societies in which authority, combined with power, is compromised in order to impose a state of emergency in which the individual exists in permanent submission. Political and health crises create exceptional conditions that affect all of humanity, to which certain politicians respond by decreeing "states of emergency," a legal mechanism that suspends individual liberties in particular. We are currently seeing this on a global scale with the pandemic, to which governments are responding by imposing curfews and confinements, reinforcing borders, conditioning movement and reducing freedom, in fact if not in law. This democracy without democratic procedures can lead to critical conditions in which the collective space is progressively reduced and the law is lost to citizens. What are the relations between violence and rights characterized by? Can art claim to be political? What role can the artist play in the defense of democracy? These historical questions are well inscribed in the current situation in Tunisia, as in the majority of countries throughout the world, without ignoring those that we consider, wrongly, to be robust democracies. Thameur Mejri's critical work on the nature of power and forms of government seems more relevant than ever for us to understand how each of us can and should feel involved, through awareness, information and education, in the preservation of our individual and collective freedoms.

résistance au sein et en dehors de la loi. Les œuvres de Thameur Mejri s'appuient sur la tradition picturale de l'émotion en recourant à la couleur appliquée en grands aplats. De ces formes colorées émergent des objets anodins, quotidiens, parfois inquiétants, tous mis en tension dans des compositions complexes et denses. Ces constellations semblent prendre la forme de rébus qui composent autant d'univers à décoder qu'il y a de spectateurs pour s'approprier leurs significations. Des fragments de corps en tension, des objets insignifiants, parfois menaçants, des caméras, des symboles d'autorité et du consumérisme deviennent autant d'armes qui, combinées, semblent pouvoir dénoncer, attaquer ou défendre. Avec ces éléments et ces symboles, rassemblés sous la forme de métaphores et de signaux subconscients, l'artiste cherche à décrire certaines tensions symptomatiques des sociétés contemporaines où l'autorité et le pouvoir se compromettent pour imposer dans les faits un état d'urgence, au sein duquel l'individu vit une soumission permanente. Les crises politiques et sanitaires créent, à l'échelle de l'humanité tout entière, des conditions extraordinaires auxquelles certains politiques répondent en décrétant un « état d'urgence », mécanisme juridique qui suspend en particulier les libertés individuelles. Nous le voyons actuellement partout dans le monde avec la pandémie à laquelle les gouvernements répondent en imposant des couvre-feux et des confinements, ils renforcent les frontières, conditionnent les mobilités et réduisent les libertés, de fait sinon de droit. Cette démocratie sans démocratie peut induire des conditions critiques où l'espace collectif se réduit progressivement et le droit échappe aux citoyens. Qu'est-ce qui caractérise les relations entre la violence et le droit? L'art peut-il prétendre être politique? Quel rôle peut jouer l'artiste dans le processus de défense de la démocratie? Ces questions historiques sont cependant bien inscrites dans l'actualité de la Tunisie comme dans celle de la plupart des pays à travers le monde, sans épargner ceux que l'on imagine, à tort, des démocraties solides. Le travail critique sur la nature du pouvoir et les formes de gouvernement de Thameur Mejri semble plus que jamais nécessaire pour comprendre comment chacun d'entre nous peut et doit se sentir impliqué, par l'éveil de la conscience, l'information et l'éducation, dans la préservation de nos libertés individuelles et collectives.

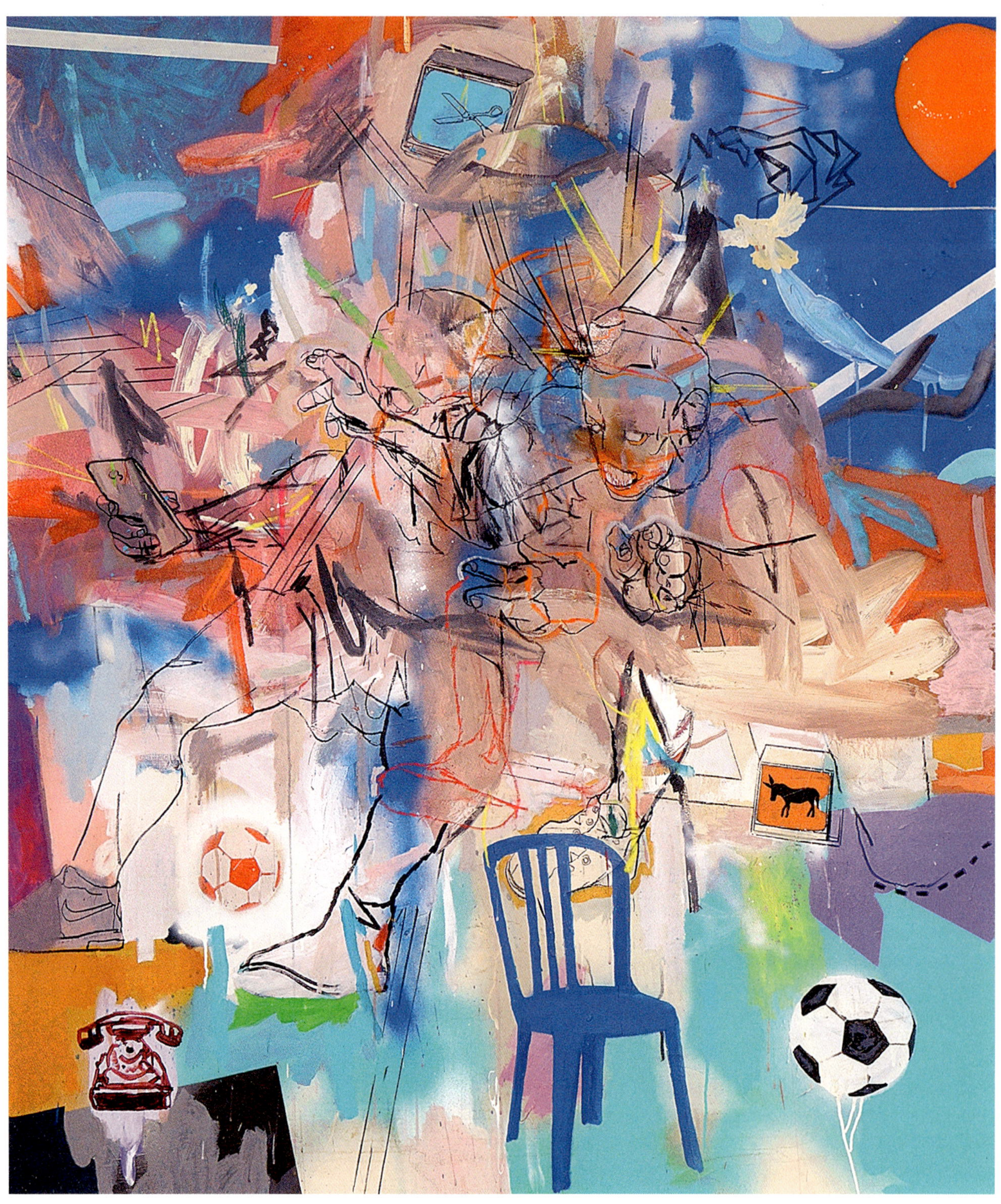

Untitled / Sans titre *(Blue chair)*, 2018
Mixed media on canvas / Technique mixte sur toile
180 × 150 cm

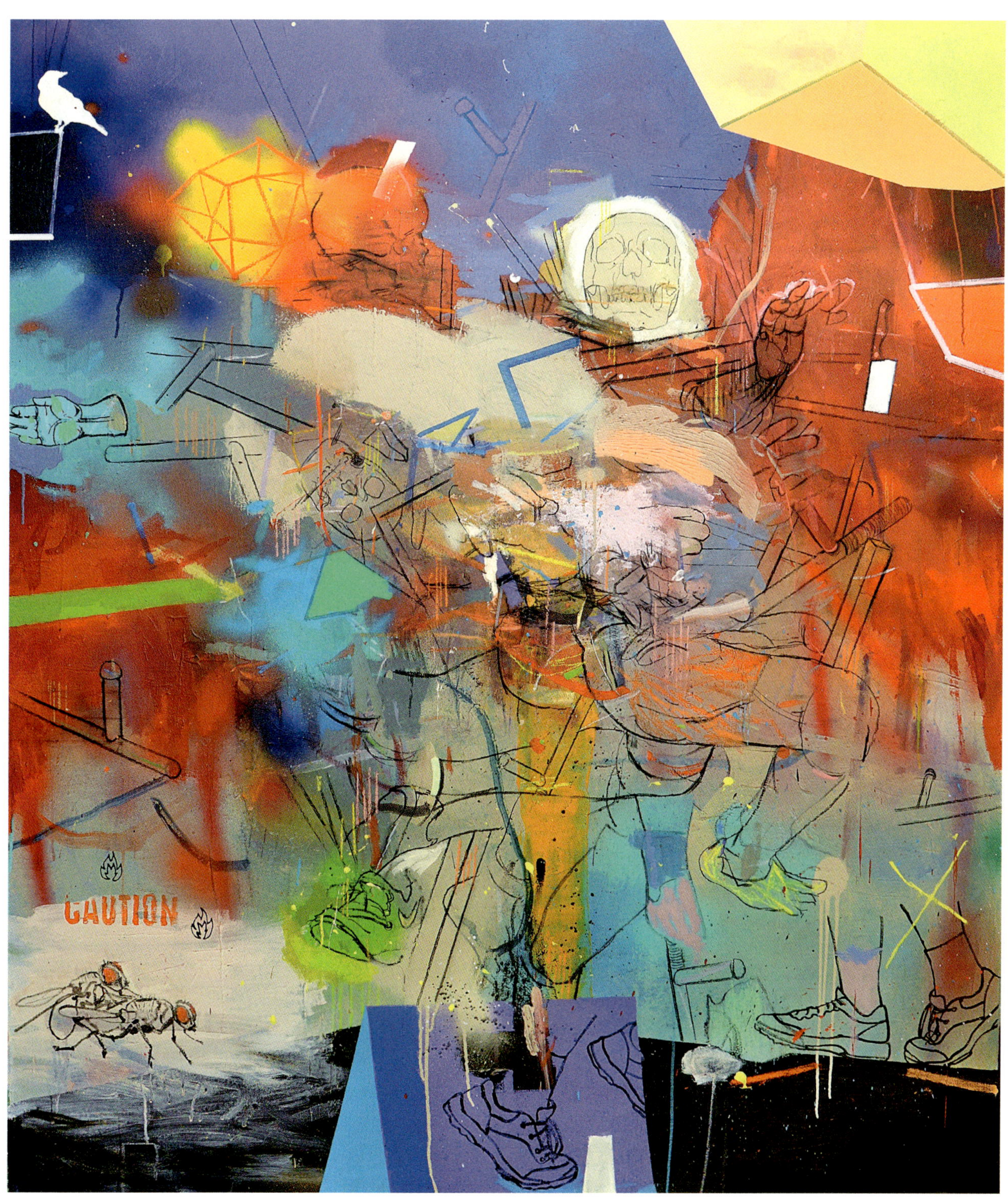

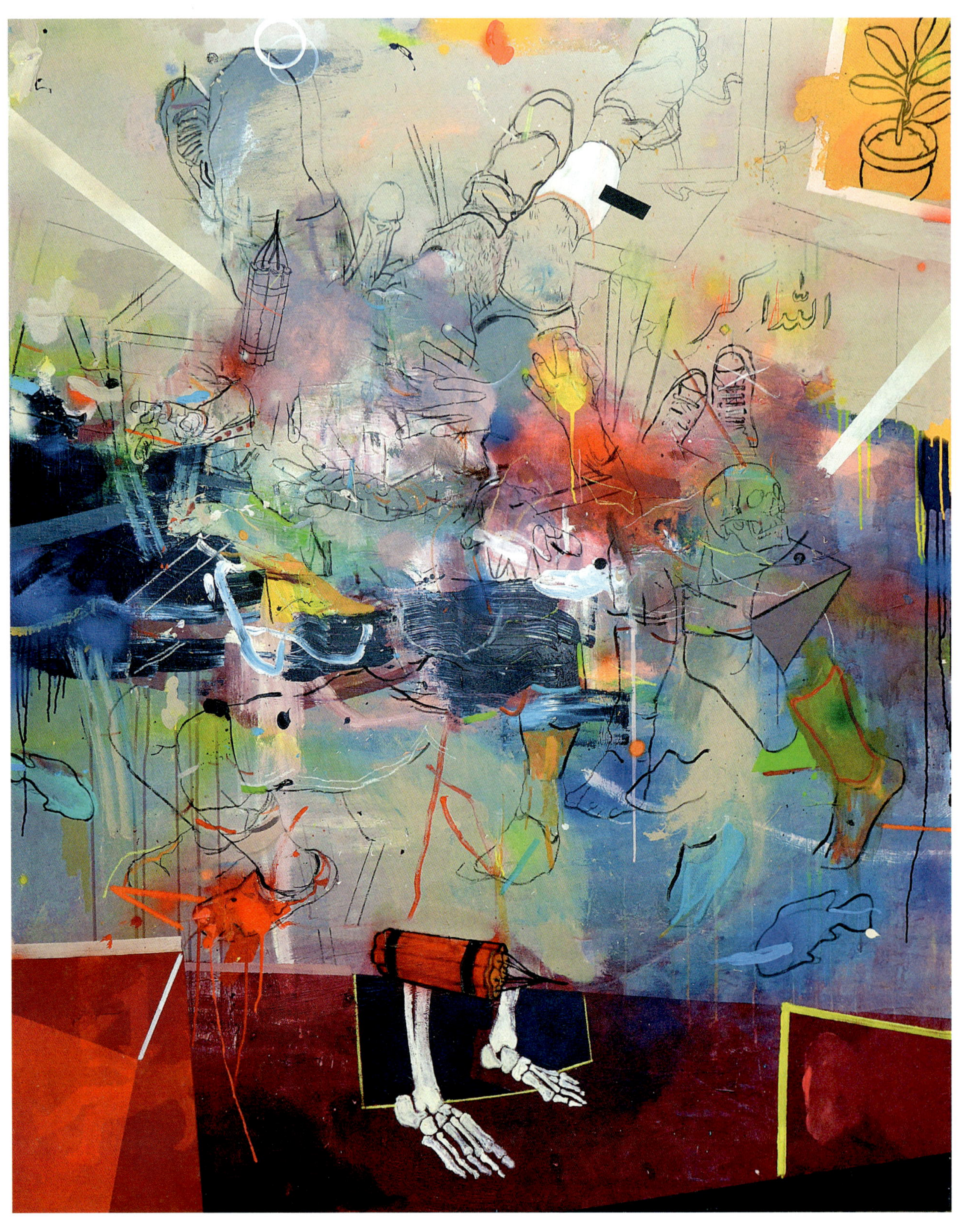

The walking target, 2020
Charcoal, oil stick and acrylic on canvas / Fusain, pastels et acrylique sur toile
180 × 150 cm

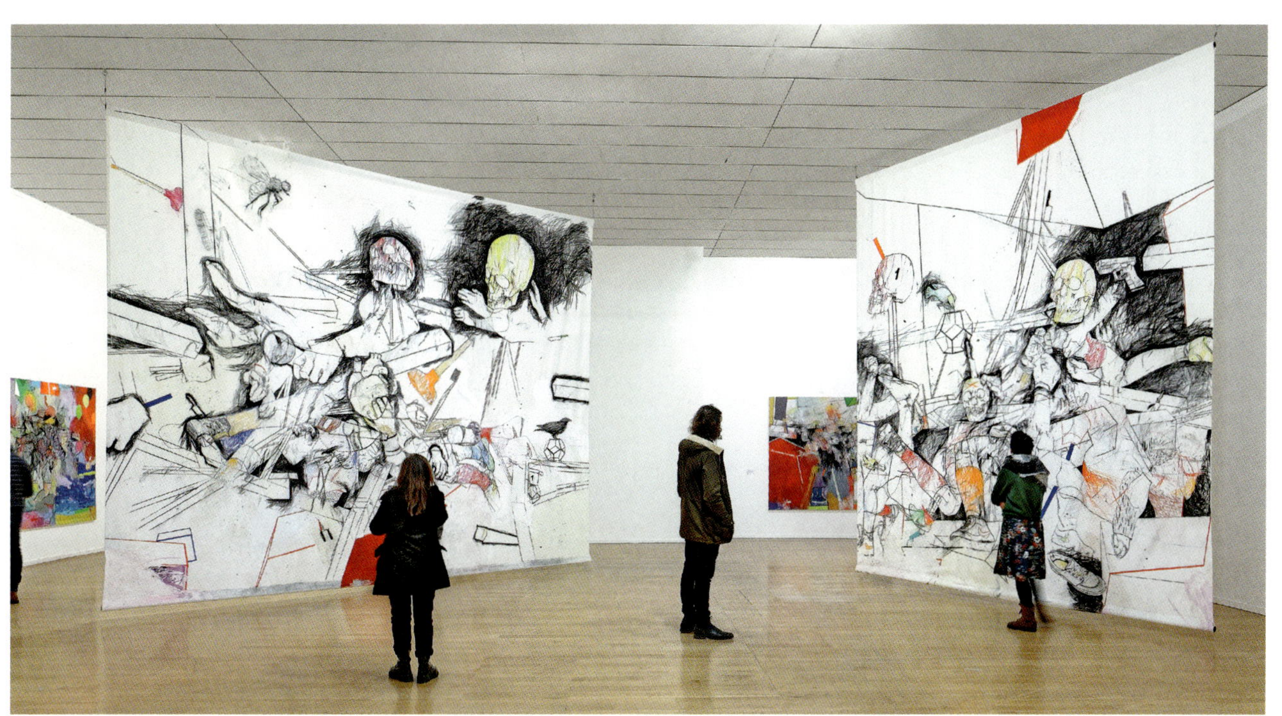

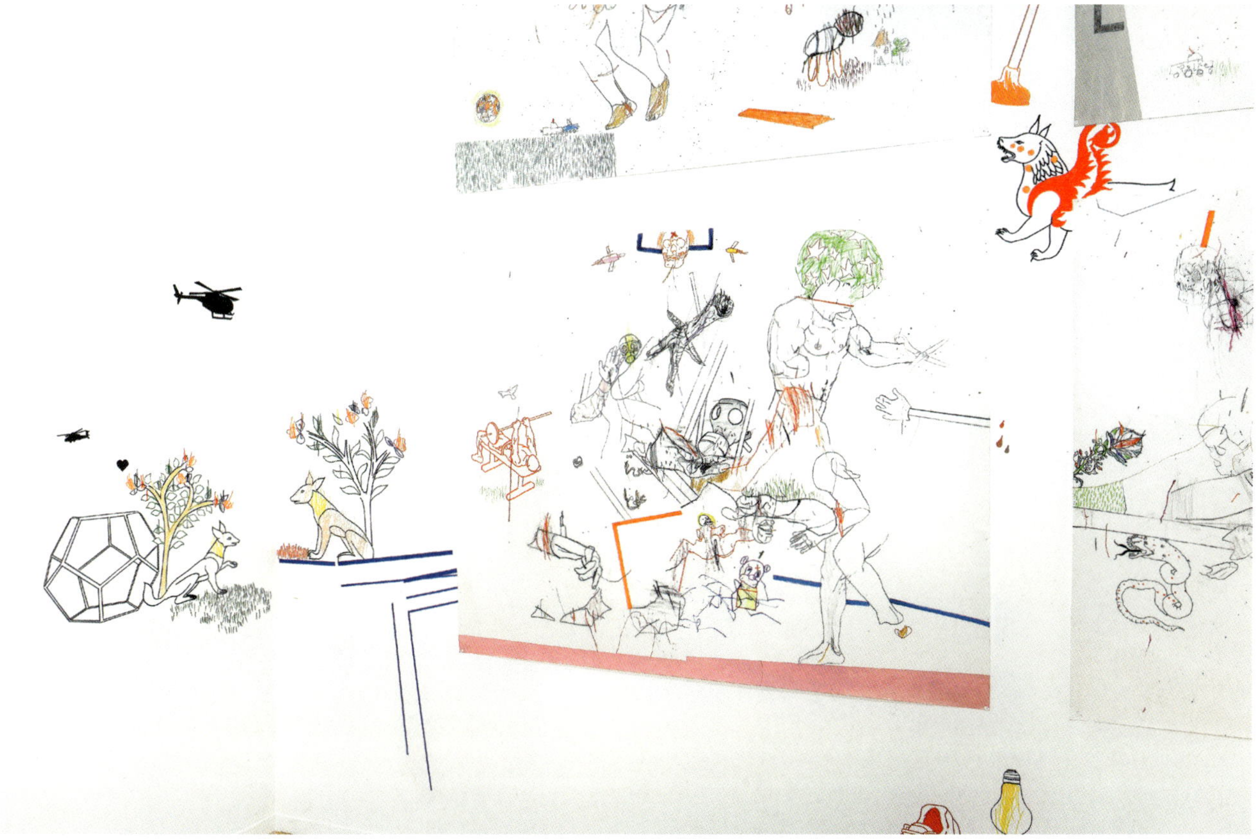

Exhibition views / Vues d'exposition,
Thameur Mejri, Jusqu'à ce que s'effondrent mes veines (États d'urgence), 2022, MAC Lyon, France

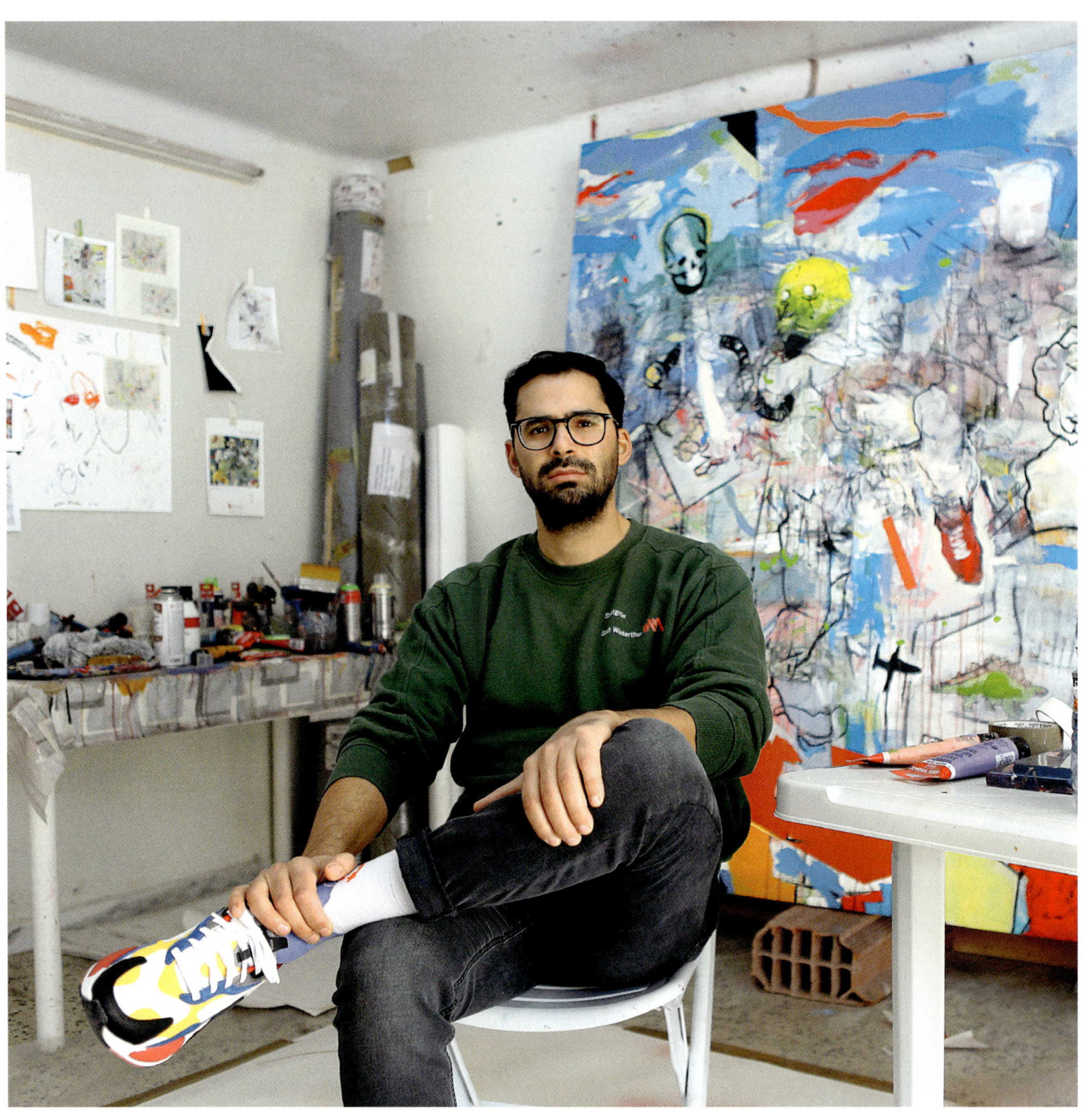

Biography
Biographie

Thameur Mejri investigates complexities of human existence by identifying parallels between paradoxical ideas of violence, innocence, guilt and shame.

The human figure acts as a central element throughout his compositions, the vigorous manner in which Mejri places the figure onto the canvas, reflects the relationship between painting and painter, suggesting self-portraits that battle to fully emerge and reveal themselves. There is an interplay between painting and film. He approaches painting as a film director and he films with the vision of a painter, allowing for the qualities of each discipline to manifest upon one another; the chaos and movement in his paintings are a testament of this. The energetic application of colour establishes the atmosphere in this confrontation between heaven and hell, each represented by blue and red. In choosing these colours as a departure point and importantly for their opposing religious connotations of heaven and hell, he confirms the major influence of these symbols, particularly in the Muslim world.

He graduated from the Institute of Fine Arts in Tunis, Tunisia.

Thameur Mejri explore les complexités de l'existence humaine en identifiant des parallèles entre les idées paradoxales de violence, d'innocence, de culpabilité et de honte.

La figure humaine agit comme un élément central dans toutes ses compositions, la manière vigoureuse dont Mejri place la figure sur la toile, reflète la relation entre la peinture et le peintre, suggérant des autoportraits qui luttent pour émerger et se révéler pleinement. Il existe une interaction entre la peinture et le cinéma. Il aborde la peinture comme un réalisateur de films et filme avec la vision d'un peintre, permettant ainsi aux qualités de chaque discipline de se manifester l'une l'autre ; le chaos et le mouvement dans ses peintures en sont la preuve. L'application énergique de la couleur établit l'atmosphère de cette confrontation entre le ciel et l'enfer, chacun étant représenté par le bleu et le rouge. En choisissant ces couleurs comme point de départ et surtout pour leurs connotations religieuses opposées de paradis et d'enfer, il confirme l'influence majeure de ces symboles, notamment dans le monde musulman.

Il est diplômé de l'Institut des beaux-arts de Tunis, Tunisie.

List of exhibitions
Liste des expositions

EXPOSITIONS PERSONNELLES / SOLO EXHIBITIONS

2022
Jusqu'à ce que s'effondrent mes veines (États d'urgence),
MAC Lyon – Musée d'art contemporain de Lyon, Lyon, France
(commissariat / curation : Salma Tuqan & Matthieu Lelièvre)

2021
Folds in the Soul, Montague contemporary, New York, États-
Unis / United States (commissariat / curation : Khadija Hamdi
Soussi)

États d'exception, B7L9 Art Station, Bhar Lazreg - Tunis,
Tunisia / Tunisie (commissariat / curation : Matthieu Lelièvre)

2020
Walking Targets, Selma Feriani Gallery, Tunis, Tunisie / Tunisia
(commissariat / curation : Matthieu Lelièvre)

2019
Eroded Grounds, Gallery 1957, Accra, Ghana

2017
Heretic Spaces, Galerie El Marsa, Dubaï, Émirats arabes unis /
United Arab Emirates

Before You Split the Ground, Jack Bell Gallery, Londres /
London, Royaume-Uni / United Kingdom

2012
Disaster Pieces, Galerie El Marsa, Tunis, Tunisie / Tunisia

2011
Narcissism VS Cannibalism, Abu Dhabi Art Fair, Abu Dhabi,
Émirats arabes unis / United Arab Emirates

2010
Mâle (dieu) épouvantail, Artyshow Gallery, Tunis, Tunisie /
Tunisia

EXPOSITIONS COLLECTIVES / GROUP SHOWS

2022
And I Must Scream, Carlos Emory Museum, Atlanta, États-
Unis / United States

2021
Catch a Fire, Montague Contemporary, New York, États-Unis /
United States

Works on Papers, Montague Contemporary, New York, États-
Unis / United States

2019
13ème édition de la Biennale du Caire, Le Caire / Cairo,
Égypte / Egypt

Incarnations: African Art as Philosophy (Sindika Dokolo Art
Collection), BOZAR, Bruxelles / Brussels, Belgique / Belgium
What Is A Box, Galerie El Marsa, Tunis, Tunisie / Tunisia

2018
Cultural Narratives, Selections Art Magazine, Dubaï, Émirats
arabes unis / Dubai, United Arab Emirates

Pavillon tunisien, XIIIe Biennale de Dakar, Dakar, Sénégal /
Senegal

Mitli Mitlak (Like You, Like Me), N'Namdi Center for
Contemporary Art, Détroit / Detroit, États-Unis / United States

2016
Yesterday Is Tomorrow's Memory, Galerie El Marsa, Dubaï,
Émirats arabes unis / Dubai, United Arab Emirates

Place de la gare, Ghaya Art Gallery, Sidi Bou Saïd, Tunisie /
Tunisia

Effervescence, Institut des Cultures d'Islam, Paris, France

2015
You Love Me, You Love Me Not, Galeria Municipal Almeida
Garrett, Porto, Portugal

Coup de crayon, Ghaya Art Gallery, Sidi Bou Saïd, Tunisie /
Tunisia

2012
Intervalles, Galerie El Marsa, Tunis, Tunisie / Tunisia

2011
Une histoire sur l'art, Galerie El Marsa, Tunis, Tunisie / Tunisia

2010
8ème édition du Printemps des Arts Plastiques de La Marsa,
Palais Abdellia, Tunis, Tunisie / Tunisia

Collection, Kanvas Art Gallery, Tunis, Tunisie / Tunisia

2009
Point Rouge Gallery, Montréal / Montreal, Canada

7ème édition du Printemps des Arts Plastiques de La Marsa,
Palais Abdellia, Tunis, Tunisie / Tunisia

Exposition annuelle de L'association Tunisienne des Arts
Visuels, Tunis, Tunisie / Tunisia

2008
6ème édition du Printemps des Arts Plastiques de La Marsa,
Palais Abdellia, Tunis, Tunisie / Tunisia

2007
The Infusion Gallery, Los Angeles, États-Unis / United States

2005
Galerie Ali Guermessi, Tunis, Tunisie / Tunisia

PROJECTIONS

2009
Présentation des courts-métrages expérimentaux *Silicon* et
The Gift, Art Now Film Festival, Damas, Syrie / Syria

Présentation du court-métrage expérimental *Silicon*, New York
International Independent Film and Video Festival (NYIIFVF),
New York, États-Unis / United States

Présentation du court-métrage expérimental *Prélude*, Festival
de l'Image et Art Vidéo, Centre Culturel International, Sicile,
Italie / Sicily, Italy

2008
Film click Online Film Festival

Présentation du court-métrage expérimental *Silicon* lors de
l'exposition d'art vidéo Le Cinéma libre, Espace El Teatro,
Tunis, Tunisie / Tunisia

2007
Présentation du court-métrage expérimental *The Gift*, New
York International Independent Film and Video Festival
(NYIIFVF), session à New York, États-Unis / United States

2006
Festival International de Hammamet, Tunisie / Tunisia

Festival International du Film Amateur de Kélibia (FIFAK),
Kélibia, Tunisie / Tunisia

PRIX / PRIZES

2007
Prix du meilleur court métrage expérimental pour *The Plague*
au New York International Independent Film and Video
Festival (NYIIFVF), session à Los Angeles, États-Unis / United
States

COLLECTIONS

Barjeel Art Foundation, Sharjah, Émirats arabes unis /
United Arab Emirates
Fondation Sindika Dokolo, Luanda, Angola
Dalloul Art Foundation, Beyrouth, Liban / Beirut, Lebanon
Musée d'Art Contemporain Africain Al Maaden (MACAAL),
Marrakech, Maroc / Marrakesh, Morocco
Fondation Kamel Lazaar, Geneva / Tunis – Genève / Tunis
Collections privées à / Private collections in: Paris, Londres /
London, Doha, Abu Dhabi, Dubaï / Dubai, New York,
Johannesburg

Bibliography
Bibliographie

Exhibition catalogue / Catalogue d'exposition, « Disaster pieces »,
El Marsa Gallery, La Marsa, Tunisia / Tunisie, 2012, 46 p.

Exhibition catalogue / Catalogue d'exposition, « Coup de crayon »,
Ghaya Art Gallery, Sidi Bou Saïd, Tunisia / Tunisie, 2015, 40 p.

Exhibition catalogue / Catalogue d'exposition, « Effervescence »,
Institut des Cultures d'Islam, Paris, France, 2016, 23 p.

Exhibition catalogue / Catalogue d'exposition, « Le Déboîtement du
Banal / Unboxing The Banal », in « Qu'est-ce qu'une boîte ? / What is
a box ? », El Marsa Gallery, La Marsa, Tunisia / Tunisie, 2019, 69 p.

Acknowledgements
Remerciements

The Kamel Lazaar Foundation and Éditions Skira would like to thank Thameur Mejri in particular for his availability and commitment during the creation of this book.

We would also like to thank all the authors as well as those who, through their knowledge, their archives and their precious support, have helped us during this work, and more specifically : Béatrice Dunoyer, Moez Mrabet, Sabah Ennaïfar, Karim Sultan, Gallery El Marsa in Tunis, Gallery Montague Contemporary in New York and Gallery Selma Feriani in Tunis as well as Wadi Mhiri, Bastien Lagier, Miriam Oueslati, Farah Ghezal and Hatem Bourial for their collaboration on the exhibition *States of Exception*.

The artist would also like to thank everyone who contributed to the realization of this monograph, especially Lina Lazaar and the Kamel Lazaar Foundation.

We are also very grateful to the photographers who allowed us to use their work: Firas Ben Khelifa, Pol Guillard, Mansour Dib, Blaise Adilon and Sasithon Pooviriyakul.

La Fondation Kamel Lazaar et les Éditions Skira tiennent, à remercier tout particulièrement Thameur Mejri pour sa disponibilité et son engagement au cours de l'élaboration de cet ouvrage.

Nous souhaitons également remercier l'ensemble des auteurs ainsi que ceux qui, par leurs connaissances, leurs archives et leur précieux soutien nous ont aidés durant ce travail, notamment : Béatrice Dunoyer, Moez Mrabet, Sabah Ennaïfar, Karim Sultan, la Galerie El Marsa à Tunis, Montague Contemporary à New York et la Galerie Selma Feriani à Tunis ainsi que Wadi Mhiri, Bastien Lagier, Miriam Oueslati, Farah Ghezal et Hatem Bourial pour leur collaboration sur l'exposition *States of Exception*.

L'artiste tient à remercier chaque personne ayant contribué à la réalisation de cette monographie et tout particulièrement Lina Lazaar et la Fondation Kamel Lazaar.

Notre vive reconnaissance va également aux photographes qui nous ont permis d'utiliser leur travail : Firas Ben Khelifa, Pol Guillard, Mansour Dib, Blaise Adilon et Sasithon Pooviriyakul.

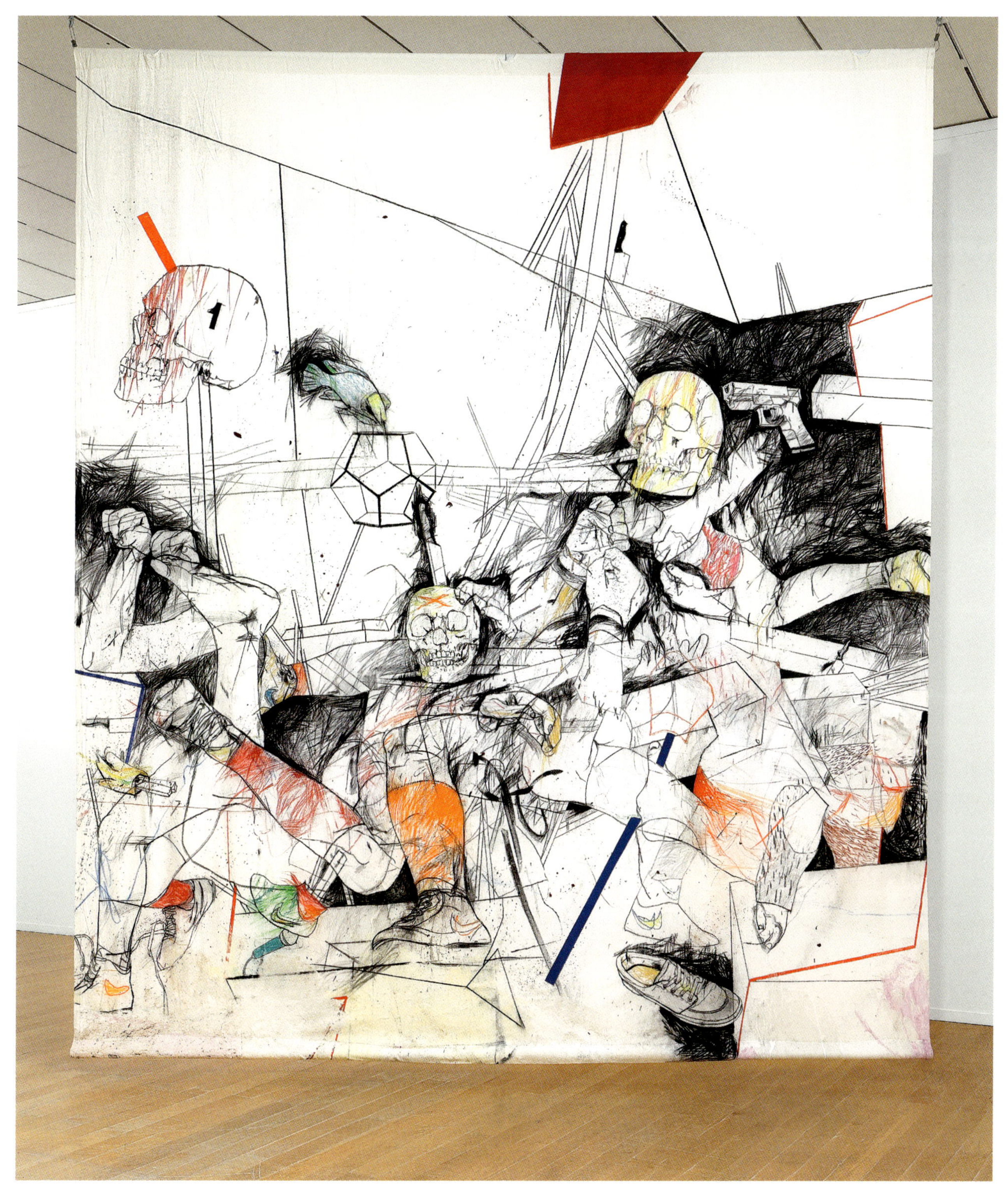

Hope 3, 2022
Charcoal, pastel, pencil and acrylic on canvas / Fusain pastel crayon et acrylique sur toile
500 × 400 cm

ÉDITIONS SKIRA PARIS

14 rue Serpente
75006 Paris
www.skira.net

Responsable des éditions
Senior editor
Nathalie Prat-Couadau

Coordination éditoriale
Editorial coordination
María Laura Ribadeneira

Chargée de projet
Project manager
Meryl Mason

Assistante éditoriale
Editorial assistant
Anna Koch

Relecture et correction
Copyediting and proofreading
Français / French
Mathilde Borron et / and Tiffany Nortier

Anglais / English
Tim Stroud

Photogravure
Color separation
Litho Art New, Turin

FONDATION KAMEL LAZAAR

Genève / Tunis – Geneva / Tunis
Avenue de la bourse, Lac 2
1053, Tunis
www.kamellazaarfoundation.org/

Chargée de projet
Project manager
Sabah Ennaïfar

Traduction
Translation
Narjes Torchani

Conception graphique
Graphic design
Moez Akkari

ISBN Skira : 978-2-37074-183-7
ISBN Fondation Kamel Lazaar : ISBN 978-9938-9924-3-4
© Editions Skira, Paris, 2022
© Fondation Kamel Lazaar, Genève / Tunis - Geneva / Tunis, 2022
© Thameur Mejri, 2022

Achevé d'imprimer avril 2022
sur les presses de Graphius à Gand, Belgique
Dépôt légal mai 2022
Printed in April 2022 on Graphius presses in Ghent, Belgium
Legal deposit May 2022